이 책은 2012년 4월에 출판된
『용달 매직의 타격 비법』을
수정·보완하였습니다.

데이터 분석을 통한 과학 타격 기술

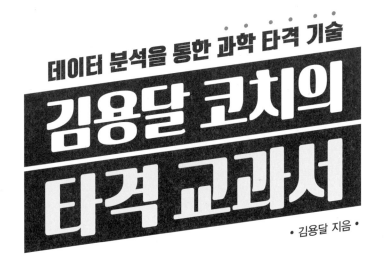

김용달 코치의 타격 교과서

• 김용달 지음 •

한스컨텐츠

추천사

야구를 잘하려면 타격, 투구, 수비 등 여러 가지 기술을 모두 잘해야 합니다. 어느 것 하나 잘하는 게 쉽지 않은 것이 바로 야구 기술입니다.

그중에서도 가로 1.22m, 세로 1.82m. 1평이 채 안 되는 공간에서 벌어지는 0.4초의 찰나의 승부. 타격은 10번의 시도 중 7번의 실패가 용인될 정도로 3번의 성공도 힘든 야구 기술입니다.

수많은 야구 선수들은 3번의 성공을 위해 손가락과 손바닥에 굳은살이 박히는 고통을 참으며 셀 수 없이 많은 스윙과 굵은 땀방울을 흘립니다.

통산 타율 2할 5푼 9리. KBO리그에서 MBC 소속으로 7시즌을 뛴 이 책의 저자인 김용달 KBO 육성위원도 3번의 성공을 위해 노력하던 수많은 야구 선수 중 한 분이었습니다.

김용달 위원은 프로에서의 소중한 경험을 바탕으로 후배들을 위해 끊임없이 공부하며 은퇴 이후 20년 이상 타격코치로 활동했습니다.

보통 한 분야에서 10년을 종사하면 전문가로 인정받는데 '용달매직'이라는 별명이 붙은 걸 보면 기간뿐만 아니라 김용달 위원의 전문성은 그동안 충분히 인정받은 것 같습니다.

김용달 위원은 단순히 본인이 알고 있는 수준에서 일방적인 기술을 전달하는 것이 아니라 선수의 체격이나 체력, 장단점 등을 철저히 분석해 맞춤형 타격 기술을 전수해왔으며, 선수들과 소통하며 신뢰관계를 쌓아왔습니다.

지난해 미국 플로리다에서 펼쳐진 '파워 쇼케이스 월드 클래식 2017'에서 대한민국 대표로 출전한 천안북일고등학교 변우혁 선수와 함께 준우승이라는 소중한 성과를 낸 것이 단적인 예로 보입니다.

김용달 위원은 프로야구 코치에서 현재는 유소년 야구 선수들을 위한 KBO 육성위원으로 활동하며 여러 곳에서 재능기부를 하고 있습니다.

야구에 대한 배움이 필요한 곳이라면 어디든 달려가서 변함없는 야구 열정을 보여주고 있는 그의 모습에서 KBO 총재로서 감사할 따름입니다.

이렇게 뜨거운 야구 열정과 깊은 전문성을 인정받은 국내 최고의 타격 이론 전문가가 첨단 야구 타격 이론의 흐름과 변화를 새롭게 담아 정성스럽게 만든 『용달매직의 타격 과학』의 개정판 발간은 한국 야구의 기술적 성장뿐만 아니라 한국 야구 전체의 동반 발전을 위해서도 매우 소중한 자료라고 생각됩니다.

그동안 한국 야구 전문 서적이 해외 이론서를 번역하는 선에서 그쳤다면, 이번 발간처럼 국내 야구 전문가들이 야구 이론을 연구하고 정립하고 문서화하는 과정이 한국 야구를 한 단계 더 성장시키는 촉매제가 될 수 있다고 믿어 의심치 않습니다. 저도 학자 출신으로서 앞으로 이러한 야구인들의 노력을 적극 지지하겠습니다.

그러한 점에서 선구자적인 역할을 하고 있는 김용달 위원에게 다시 한 번 감사의 뜻을 전합니다.

KBO 총재 정 운 찬

정운찬

추천사

투수가 공을 던지면 약 0.45초 후에 포수에게 도착합니다. 반응 속도를 빼면 남는 시간은 0.2초 정도입니다. 따라서 타자는 공이 9미터 앞에 왔을 때 어떻게 할 것인지 결정하고 실행에 옮겨야 합니다. 인간이 그 시간에 결단을 내리고 행동한다는 것은 쉽지 않습니다. 게다가 투수의 구종과 구속은 계속 진화하고 있습니다. 그래서 타격은 어렵습니다. 열 번 중 세 번만 성공해도 칭찬받는 것이 타격입니다.

흔히 타격은 타고난다고 합니다. 그러나 국내 타격 코치 중 최고의 이론가로 평가받는 김용달 코치는 그렇게 생각하지 않습니다. 그는 타격이 자기와의 싸움이며, 끊임없는 훈련에 의해 얻어지는 노력의 산물이라고 여깁니다.

그는 현역 시절 스타 플레이어는 아니었지만 1988년 선수 생활을 마치고, 1990년부터 LG트윈스의 코치를 맡으며 우승을 이끌어냈습니다. 또한 1994년 신인 삼총사 김재현, 서용빈, 유지현을 앞세워 다시 LG를 우승으로 이끌었고, 2000년 현대유니콘스로 부임한 뒤에도 최강의 라인업으로 팀에 세 차례나 우승 반지를 안겨주었습니다.

팬들은 잘 모를 수도 있지만 우승을 선사했던 타선 뒤에는 김용달 코치가 있었습니다. 그의 손을 거치면 차갑기만 했던 물방망이가 뜨거운 불방망이로 변했습니다. 프로야구의 현장에서 그는 타격의 눈을 뜨게 하는 안과 의사나 다름없었습니다. '한물 간' 노장 선수와 신인밖에 없어 꼴찌 후보로까지 천대받았던 현대를 팀 타율 1위로 만든 장본인 김용달. 그는 다른 코치들과 차별화된 타격 이론을 가지고 있습니다.

보통 지도자들은 중심을 끝까지 뒤에 두고 공을 치게 하지만, 김용달 코치는 중심 이동을 빨리 해 홈 플레이트 30~60센티미터 앞에서 치게 합니다. 그때 더 강한 타구를 만들 수 있다는 것입니다. 그는 간결한 타격폼으로 쓸데없는 곳에 힘을 낭비하지 않게 하고, 어떤 선수든 자신의 힘을 최대한 이용하는 타격폼을 추구합니다. 단거리 타자도 최대 강도로 쳐야 좋은 타격을 할 수 있다는 것입니다.

또한 김용달 코치는 항상 할 수 있다는 자신감을 심어주면서 될 때까지 달라 붙습니다. 보통 타격 코치들이 훈련 때 배팅 케이지 뒤에서 선수들의 타격폼을 관찰하는 데 반해, 김용달 코치는 티 배팅으로 선수들의 폼을 만들어줍니다. 티 배팅에서 선수와 대화하며 타격폼을 익히고, 배팅 케이지에선 타자가 직접 자신의 타격폼이 어느 정도 완성됐는지 느끼게 합니다.

그는 선수들도 타격 이론을 알아야 슬럼프를 빨리 극복할 수 있고, 이후 좋은 지도자가 될 수 있다는 생각에 항상 선수들에게 공부할 것을 주문합니다. 그런 그가 한국 야구의 발전과 성장을 위해 타격 전문서를 발간했다고 하니 KBO 전 총재로서 항상 연구하고 노력하는 저자에게 고마움을 표합니다.

KBO 전 총재 **구본능**

들어가며

푸른 잔디의 시원한 야구장에서 파란 하늘을 가르는 하얀 공을 보며 시원함과 통쾌함을 느껴본 적이 있는가? 그러나 시속 150킬로미터의 빠른 속도로 날아오는 지름 7.3센티미터의 작은 공을 100미터 떨어진 담장 너머로 날려 보내기 위해 타자들이 얼마나 많은 땀을 흘려야 하는지 아는 사람은 많지 않을 것이다.

팬들은 호쾌한 타격에 열광하고 또 환호한다. 좋은 타격은 팀을 승리로 이끌며, 팬들에게 감동을 준다. 하지만 실패한 선수는 원망의 대상이 되며, 때로는 비난을 받기도 한다. 실패에 대한 심한 스트레스 때문에 심지어 대인 기피증이 생기는 타자들도 있다. 10번 중에 3번만 성공해도 뛰어나다는 소리를 들을 만큼, 타격은 모든 스포츠 중에서 가장 어려운 일이라 할 수 있다.

좋은 타격을 하기 위해서는 신체적인 힘뿐만 아니라 변화무쌍한 환경에 대처할 수 있는 능력이 있어야 한다. 공에 대한 두려움이나 실패에 대한 중압감과 긴장감도 이겨내야 한다. 하지만 타격의 기본 수칙을 잘 이해하고 올바르게 습득하기만 한다면, 3할 타격도 꿈은 아니다.

이 책에서 제시한 기본 수칙을 읽고, 생각하고, 분석하고, 테스트하라. 그리고 무엇보다도 그러한 과정들을 즐겨라. 야구는 도전이다. 끊임없이 도전하고 노력하다 보면 테크닉뿐 아니라 끈기와 인내, 겸손 등 인성에도 도움을 받을 수 있다. 세계적인 타자들의 타격 자세는 제각각이다. 하지만 그들에게는 공통점이 있다. 타격의 기본이 완벽에 가깝다는 것, 그리고 절대로 포기하지 않는다는 것이다. 스스로 포기하지 않는 한, 그리고 노력을 멈추지 않는 한 목표를 향해 한 발 한 발 다가갈 수 있을 것이다.

최근 군사 장비인 스탯캐스트의 영향을 받은 정밀한 분석과 정확한 데이터가 어우러지면서 타격에 많은 변화가 이루어지고 있고 과학이 접목되고 있다. 또한 투수의 투구 능력 향상에 따른 구속 증가와 구종의 변화에 대응하기 위한 타격 스타일 역시 유행이 바뀌고 있다.

빠른 구속의 투구를 유기적으로 선구하는 공간 사용 능력의 시각화와 160킬로미터 구속에 대처하여 타구 스피드를 향상시키고 타구 각도를 이상적으로 만들기 위한 방법에 대해 기술하고 싶어서 개정판을 내게 되었다. 도전과 변화에 관심이 있는 프로 선수들과 더불어 유소년과 중·고교 선수, 사회인 야구 전반적인 선수들에게도 타격 변화에 대한 이해를 돕고 이상적이고 발전적인 방향으로 변화를 일으키는 데 도움을 주고 싶다. 타격의 새로운 트렌드 변화와 과학의 접목에 대해서 야구를 즐기시는 팬들과 미디어 관계자들, 야구에 종사하는 많은 사람에게 타격에 이해를 돕고 관심이 되는 책이었으면 한다.

오랜 시간 타격 코치로 활동하며 현재 육성위원으로 유소년과 학생 선수들, 사회인 선수들을 만나면서 많은 선수가 타격에 대해 도전하고 목말라 하는 모습을 보면서 야구와 함께 살아오면서 경험한 것들, 그리고 타격에 대해 고민하고 연구했던 것들을 야구를 사랑하는 모든 사람과 타격에 대해 공감하고 공유하는 새로운 변화를 개정판을 통해 여러분과 함께 나누고 싶다.

2018년 봄

김용달

Contents

추천사 _ 정운찬 4
추천사 _ 구본능 6
들어가며 8

1장 타격을 준비하자

◑ 타격, 그 불가능과 가능 사이 14

우수한 타자는 타고나는가? **16** │ 타격의 어려움과 선구안 **18** │ 불가능을 극복하는 예술 **21**

◑ 타격, 알고 시작하자 26

타자의 분신, 배트와의 만남 **28** │ '우세안'과 '비우세안' **32** │ 두 가지 타격 메커니즘 **35**
배터 박스 안의 공간을 활용하라 **38** │ 타격의 절반, 시합 전 준비 **46** │ 더그아웃과 대기 타석 **48**

2장 타격을 배우자

◑ 이상적인 타격을 위한 기본 동작 54

타격의 원리 **56** │ 그립 **58** │ 스탠스 **67** │ 시각화 **84** │ 동시화 **92** │ 체중 싣기 **96**
스트라이드 **102** │ 히팅 포지션 **108** │ 어프로치 **114** │ 비켜 빼기 **116** │ 투 텐스 **120**
타구 스피드 **126** │ 컨택트 **136** │ 발사각도 **142** │ 릴리스 **152** │ 팔로 스루 **156**
용달매직, 타격의 대가를 만나다 **164**

◑ 번트, 스텝과 타이밍 166

번트란 무엇인가? **168** │ 번트의 종류 **170** │ 번트 안타를 노리는 상황 **173** │ 상황별 번트 **180**

3장 더 좋은 타자가 되려면

🅐 **실전 타격 188**

　0.4초의 예술 190 ｜ 구종별 타격 192 ｜ 스트라이크 존을 활용한 투구 대처법 212

　이럴 때는 이렇게 쳐라 214 ｜ 투 스트라이크 이후의 스윙 224 ｜ 스위치 타자 226

　스위치 타자에 도전하라 230 ｜ 잘못된 타격 상식 235

🅑 **타자의 심리학 246**

　수행 목표와 행동 목표를 기억하라 248 ｜ '클러치 히터'가 될 것인가, '초크 히터'가 될 것인가? 250

　수첩 만들기 254 ｜ 타자들의 불청객, 슬럼프 256

🅒 **연습보다 중요한 것은 없다 260**

　꾸준한 연습의 중요성 262 ｜ 스트라이드 보폭 교정 264 ｜ 토스 배팅 266 ｜ 프리 배팅 270

　티 배팅 272 ｜ 스윙의 궤적을 넓혀주는 연습 방법 276 ｜ 판단력을 향상시키는 연습 방법 278

　스윙 스피드를 향상시키는 연습 방법 280 ｜ 종이공을 이용하는 방법 282

　유소년 선수들의 기본기 습득 283

4장 타자 분석

구자욱 288 ｜ 김하성 294 ｜ 김재환 300 ｜ 정근우 306 ｜ 김현수 312

이용규 318 ｜ 최진행 324 ｜ 이병규 330 ｜ 강민호 336 ｜ 박석민 342

마치며 348

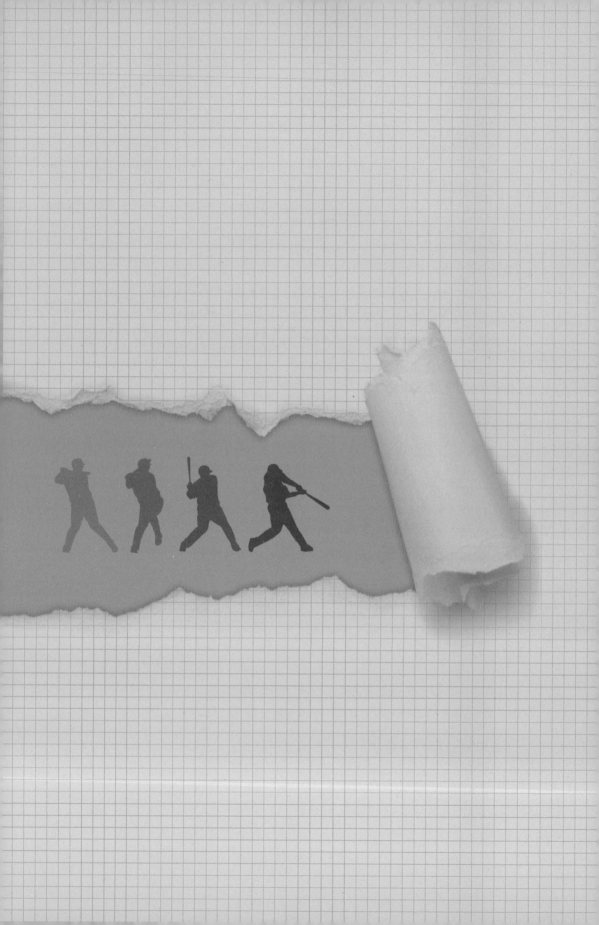

1장

타격을 준비하자

2010년 8월 14일 광주 무등구장에서 백 스크린 우측으로 넘어가는 이대호의 대형 홈런을 보게 되었다. 그날은 이대호가 세계 최초로 9경기 연속 홈런을 때려내 한국 야구 사에 큰 획을 그은 날이다. 정말 대단한 일을 해냈다는 감격에 빠짐과 동시에 어떻게 이대호처럼 덩 치 큰 선수가 가볍게 몸 전체를 잘 활용하여 유연하게 타격을 할 수 있는지 궁금해졌다. 마침 코치 생활 동안 경험한 것들을 책으로 엮어보고 싶다는 생각을 가지고 있던 터라 방송국에 고속카메라로 촬영한 이대호의 타격폼 자료를 부탁했다. 생각대로 이대호는 내가 코치 생활을 하면서 이상적이라고 생각해왔던 군더더기 없는 완벽한 동작을 소화하고 있었다. 이대호의 타격폼을 빌려 타격이란 무엇이고, 기본기를 어떻게 익혀 야 하며, 타격에 숨어 있는 원리는 무엇인지 이야기해보고 싶어졌다.

타격,
그 불가능과
가능 사이

A Natural Hitter

우수한 타자는 타고나는가?

타격은 7할의 실패도 성공이라고 할 만큼 모든 스포츠 기술 중에서도 가장 어려운 작업이다. 그 때문에 많은 사람들이 타격은 선천적으로 타고나야 잘할 수 있다고 말한다. 이를 부인하고 싶은 생각은 없다. 나 자신도 코치 생활을 오랫동안 해오면서 모든 선수를 3할 타자로 만들 수 있을 것이라는 생각은 하지 않았기 때문이다.

하지만 한편으로 지도자의 입장에서 타격도 올바른 교육을 통해 얼마든지 성장이 가능하다고 말해주고 싶다. 특히 젖먹던 힘이 생성되는 5~12세의 어린 나이에 야구를 접하게 되면 누구나 우수한 소질을 갖출 가능성이 있다. 타격은 거의 무의식적으로 반응을 일으키는 것이기 때문에 기본 수칙에 대한 학습이 반복적으로 이루어지지 않으면 아무리 타고난 타자라 해도 좋은 타격을 할 수 없다. 여기서 말하는 기본 수칙이란 타격 시 유연성과 스피드, 힘을 전달하는 과정을 효과적으로 만들어내는 것을 말한다.

유소년 아카데미에서 만난 어린 선수들
유소년 야구를 지켜보고 가르치는 일은 항상 가슴을 설레게 한다. 이 선수들이 장차
어떤 모습으로 성장할 것인지, 그들의 미래를 상상해보는 건 무척 즐거운 일이다.

Batting Eye

타격의 어려움과
선구안

메이저리그의 전설적인 타자 테드 윌리엄스Ted Williams*는 "타격은 모든 스포츠를 통틀어 가장 어려운 기술"이라고 칭한 바 있다. 또한 최근 미국의 한 스포츠 채널에서 실시한 설문에서도 타격을 모든 스포츠 기술 중 가장 어려운 것으로 꼽고 있다. 그렇다면 타격은 왜 그토록 어렵다고 여겨지는 것일까? 그것은 타격이 인간의 한계를 뛰어넘기를 요구하기 때문이다.

보통 투수가 시속 145킬로미터 정도의 직구를 던지면 공이 홈 플레이트에 들어오기까지 0.4~0.45초가 걸린다. 타자가 이 공을 때려내기 위해서는

- 메이저리그의 마지막 4할 타자. 통산 타율이 0.344에 이를 정도로 정교한 타격을 자랑했다. 보스턴 레드삭스에서만 19시즌을 뛰며 2번의 트리플 크라운, 6번의 타격왕, 4번의 홈런왕과 타점왕을 차지했다. 특히 4할을 기록하느냐 마느냐에 관심이 집중되던 1941년 시즌 막판, 당시 감독이던 조 크로닌이 타율 유지를 위해 더 이상 출전하지 말 것을 권유했으나 계속 경기에 출장하여 마지막 경기에서 5타수 4안타를 기록, 0.406의 타율로 시즌을 마감했다.

0.25초 내에 스트라이크인지, 볼인지를 판단해야 한다. 스윙을 준비하고 실행하는 데 주어지는 시간은 단지 0.2초. 0.2초는 인간이 눈을 한 번 깜박이면 지나가 버리는 찰나의 시간이다. 타자는 그 짧은 시간 안에 결정을 내리고 행동에 들어가야 한다. 이것이 바로 타격의 어려운 점이다.

한 대학교수는 명백한 볼에 타자들의 방망이가 따라 나가는 것을 보고 프로 선수들은 볼을 보는 선구안 훈련을 따로 하지 않느냐고 물었다. 투수가 던지는 공을 포수 뒤에서 보는 훈련을 하면 스크라이크와 볼을 구별하는 능력이 향상되지 않겠냐는 것이다. 하지만 타격을 하지 않고 공을 보는 연습만 하는 것은 선구안 향상에 아무런 도움이 되지 않는다. 야구에서는 고정시력이 아니라 동체시력動體視力, 즉 움직이는 물체를 잡아내는 능력이 중요하다.

실제 타석에서 공을 쳐보면 공을 관찰할 수 있는 거리가 그다지 길지 않음을 알 수 있다. 지금까지의 기록에 따르면 타자가 투구를 놓치지 않고 끝까지 볼 수 있는 최대의 거리는 타자가 서 있는 위치에서 1.8미터 전방 부근이었다고 한다. 만약 타자가 홈 플레이트로 들어오는 공의 궤적을 포착하려고 한다면 고개를 돌려 시선을 이동시켜야 하므로 그 사이에 공의 중간 단계 궤적을 놓치게 된다.

나도 지도자 생활을 하면서 선구안이 좋아지는 방법에 대해 많은 궁리를 해보았지만 결국 특별한 방법을 찾지 못했다. 타격 시 너무 많은 생각과 예측을 하게 되면 오히려 공의 궤적을 놓치거나 지나친 긴장감으로 인해 잘못된 결과를 가져오기 쉽다. 따라서 실제 상황에 가까운 훈련과 지속적인 경기 출장을 통해 경험을 쌓고 자연스럽게 반응하는 자신만의 '감각적인 선구안'을 길러내는 수밖에 없다.

불가능을
극복하는 예술

시속 90마일(약 145킬로미터)의 공을 때린다고 가정해보자. 공이 투수의 손을 떠나 홈 플레이트에 도달하는 시간은 평균적으로 따졌을 때 0.4초에 불과하다. 거기에 스윙하는 데 소요되는 시간이 0.15초. 그러므로 타자는 공이 투수의 손을 떠난 후 0.25초 내에 그 공을 때릴 것인지 말 것인지, 어떤 코스로 들어올 것인지 판단해야 한다.

다시 말해, 공이 투수와 타자 사이의 거리인 약 16.44미터 정도 날아온 시점에서 모든 결정을 내린 후 앞발을 내딛고 스윙할 수 있는 준비를 마쳐야 하는 것이다. 게다가 투수는 상체와 팔을 최대한 앞으로 끌고 나와서 공을 던지기 때문에 실제 비행 거리는 18.44미터보다 짧아지며, 같은 스피드라도 큰 키와 긴 팔을 가진 투수가 던지는 공은 체감 스피드가 더욱 올라가게 된다.

0.1초 – 공을 본다
타자는 뇌에 투구의
이미지를 전달한다.

0.1초 – 생각한다
뇌에서 이미지 정보를 처리하고
공의 스피드와 위치를 측정한다.

약 9m

0.05초–결정한다
스트라이크와 볼을 판단하고
스윙의 여부를 결정한다.

타자는 이 지점에서 ▶
스윙을 시작해야 한다

18.44m

공의 비행 시간에 따른 타자의 의사결정

타격을 준비하자
타격, 그 불가능과 가능 사이

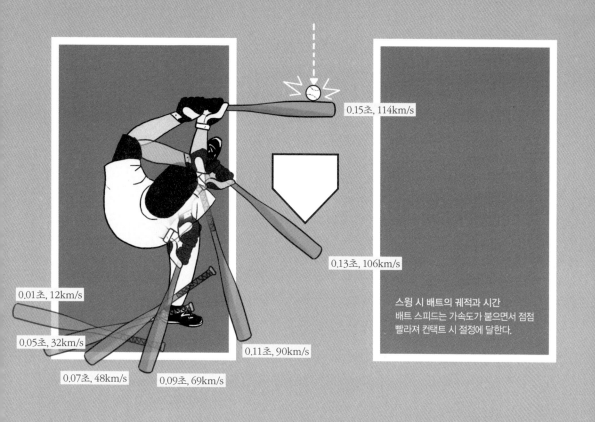

0.15초, 114km/s

0.13초, 106km/s

0.01초, 12km/s

0.05초, 32km/s

0.11초, 90km/s

0.07초, 48km/s

0.09초, 69km/s

스윙 시 배트의 궤적과 시간
배트 스피드는 가속도가 붙으면서 점점
빨라져 컨택트 시 절정에 달한다.

그러나 타자의 눈이 공을 보고 뇌에 이미지를 전달하는 데 소요되는 시간이 0.1초 정도임을 감안하면, 실제로 의사결정에 이용할 수 있는 시간은 0.25초가 아니라 0.15초라고 보아야 한다. 게다가 스윙의 초기 단계에서 배트를 멈춰야 할 경우도 생긴다. 나가던 배트를 물리적으로 멈출 수 있는 지점은 스윙 시간의 첫 3분의 1 지점인 0.07초(스윙 스피드가 시속 48킬로미터인 지점)다. 그러나 0.09초 지점을 지나게 되면 스윙 스피드가 너무 빨라져(시속 69킬로미터) 배트를 멈출 수 없게 된다.

타격에 대해 가장 잘못된 접근 중 하나는 0.15초의 스윙 스피드를 더 빠르게 하려는 노력이다. 스피드가 빠른 선수와 그렇지 않은 선수의 차이는 실제로 그리 크지 않다. 스윙 스피드를 지나치게 빠르게 하려다 보면 오히려 타구에 힘을 올바르게 싣지 못하거나 타이밍을 제대로 맞추지 못하는 등의 문제가 발생한다. 중요한 것은 스윙을 얼마나 빨리 하느냐가 아니라 공을 얼마나 정확하게, 그리고 강하게 때릴 수 있느냐다. 이때 필요한 것은 공이 날아오는 첫 0.25초 동안에 이 공이 칠 수 있는 공인지 아닌지 올바르게 판단하는 것(선구안)과 공을 잘 칠 수 있는 준비된 자세를 만드는 것이다.

이대호가 좋은 타격을 할 수 있는 것은 스윙 스피드가 빨라서가 아니다. 공에 대한 이대호의 대처 능력이 좋은 이유는 첫 0.25초의 준비 작업이 누구보다 빠르고 여유 있게 이루어지기 때문이다.

0.4초. 시간상으로 보면 타격은 불가능할 것처럼 느껴진다. 하지만 좋은 스윙 메커니즘을 바탕으로 꾸준히 노력하다 보면 불가능은 가능으로 바뀐다. 이제 그 불가능을 극복해보기로 하자.

타격을 준비하자
타격, 그 불가능과 가능 사이

타격,
알고 시작하자

A Bat, Another Hitter

타자의 분신,
배트와의 만남

타자가 타격 시 안정감을 느끼고 더 좋은 성적을 올리기 위해서는 자신에게 꼭 맞는 배트를 고르는 것이 선행되어야 한다. 2003년도에 심정수는 길이 33인치에 무게 840그램짜리 배트로 53개의 홈런을 때려낸 바 있다. 같은 해 이승엽은 34인치에 960그램의 배트로 56개의 홈런을 때려내 아시아 신기록을 수립하고 홈런왕 타이틀을 거머쥐었다. 시즌이 지남에 따라 사용하는 배트의 길이와 무게가 달라지기도 한다. 이대호의 경우 2011년 초에는 34인치에 940그램의 배트를 사용했으나 시즌이 끝나갈 무렵에는 910그램으로 무게를 줄였다.

　일반적으로 배트를 고를 때는 가능한 한 다루기 쉽고 안정감 있으면서도 빠르게 스윙할 수 있는 가벼운 것이 좋다. 그러나 그 전에 자신이 배트의 무게를 이용하는 타격을 할 것인지, 아니면 가벼운 배트로 스피드를 이용하는 타격을 할 것인지를 먼저 결정하는 것이 중요하다. 그에 따라 배트의 선택이 달라지기 때문이다.

푸홀스의 배트

이치로의 배트

박용택의 배트

- • '현재 지구상에서 야구공을 가장 잘 치는 사람'이라는 평가를 받는다. 정교함과 장타력을 모두 갖춘 최고의 타자로 2001년 데뷔하자마자 OPS 1.013을 기록하며 역대 최고의 데뷔 시즌을 보내고, 내셔널리그 신인 최다 홈런, 타점 기록을 모두 갈아치우며 만장일치로 내셔널리그 신인왕을 획득하였다. 부상만 없다면 메이저리그의 통산 타격 기록들을 경신할 수 있는 가장 강력한 후보다.
- •• 일본 프로야구에서 최고의 타자로 군림하다 2001년 메이저리그에 진출하여 아메리칸리그 신인왕과 MVP를 동시에 석권했다. 2004년 5월 21일 통산(일본 기록 포함) 2000안타를 달성하고 같은 해 10월 1일 262안타를 기록하면서 84년 만에 한 시즌 최다 안타 신기록을 세웠다. 정교한 타격과 빠른 발, 넓은 수비 범위와 강력한 어깨로 이치로 신드롬을 일으켰다.
- ••• 2002년 LG트윈스 입단 당시부터 정교한 타격과 빠른 발로 LG트윈스 타선의 중심 역할을 했으며, 그해 KIA 타이거즈와 맞붙었던 플레이오프에서 타율 3할 5푼(20타수 7안타) 4타점 3득점으로 맹활약하여 플레이오프 MVP에 선정되었다. 2012년에는 외야수 부문 골든글러브를 수상하고 그해 득점권 타율 리그 1위를 차지했다. 2016년 8월 11일, NC 다이노스와의 경기에서 2000안타를 달성하고, 10월 3일 홍성흔의 현역 최다안타를 경신했다.

일반적으로 장거리 타자라면 손잡이가 가늘고 긴 배트를 사용해 스윙 시 공기 저항을 줄이고 원심력을 이용하여 파워를 높여주는 것이 유리하다. 반면, 컨택트형 타자라면 일반적으로 두껍고 짧은 배트를 사용하여 공이 배트에 맞는 면적을 늘리고 컨트롤을 용이하게 하는 것이 좋다. 그러나 현대 야구에서는 타자마다 선호하는 배트 스타일이 다양해지고 있다.

장거리 타자는 배트를 길게 잡는 것이 스윙의 아크^{arc*}를 크게 하고 원심력을 이용하여 타구를 멀리 보내는 데 유리하다. 가장 길게 잡을 경우 보텀 핸드(배트를 잡는 양손 중 아래 손)의 새끼손가락을 노브^{knob**}에 걸친 상태로 잡기도 하는데, 이는 손목 인대 역학상 배트에 힘을 더 실어줄 수 있다는 장점이 있다. 하지만 대부분의 타자들은 보통 노브를 벗어나지 않게 잡는다. 지금까지 설명한 것들을 토대로 꾸준히 연습하여 본인의 스타일에 맞는 배트를 선택하기 바란다.

....
• 활 모양으로 호를 그리는 것
•• 배트 손잡이 끝의 둥글고 뭉툭한 부분

배트를 길게 잡는 타자:
최준석

장타를 필요로 하는 팀의
중심 타자이기 때문에
최대한 배트의 끝을 잡고
파워 있는 스윙을 한다. 길이
34~34.5인치의 배트를
사용한다.

배트를 짧게 잡는 타자:
이용규

톱 타자로서 스윙을 최대한
간결하게 하며, 짧게 끊어치는
타격으로 출루율을 높이려고
한다. 배트를 잡는 위치도
주먹 하나가 들어갈 정도로
손잡이 끝 부분을 비워두고
잡는다. 길이 33인치의 배트를
사용한다.

Ocular Dominance

'우세안'과
'비우세안'

타격에서 시력은 절대적이다. 신체적인 조건이나 스윙 메커니즘이 아무리 뛰어난 타자라 해도 눈이 나쁘면 좋은 타격을 할 수 없다. 전설적인 타자들의 공통점은 모두 뛰어난 시력을 가지고 있었다는 것이다. 타자는 타석에서 투수의 공을 기다릴 때 투구를 정면으로 보고 서 있을 수 없다. 따라서 자연히 한쪽 눈에 의지해서 공을 보게 된다.

팔이나 다리처럼 양쪽으로 존재하는 신체기관에는 대체로 우세함을 보이는 한쪽이 있기 마련이다. 눈도 마찬가지여서 한쪽 눈으로 물체를 보았을 때 양쪽으로 보는 것과 똑같은 눈을 '우세안優勢眼', 물체가 움직이는 것처럼 보이는 눈을 '비우세안非優勢眼'이라고 한다. 물론 두 눈이 다 우세안의 성질을 나타내는 경우도 있는데, 연구 결과에 따르면 이런 '양안시兩眼視'는 타석에서 더 좋은 성적을 올릴 수 있다고 한다.

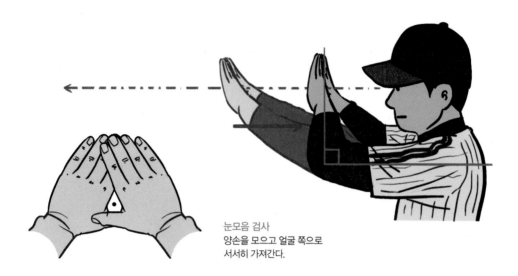

눈모음 검사
양손을 모으고 얼굴 쪽으로
서서히 가져간다.

　　우세안은 눈모음 검사를 통해 간단히 측정할 수 있다. 두 손을 겹쳐 엄지와 검지 사이에 작은 삼각형의 공간이 생기게 하고 팔을 쭉 뻗어 3~5미터 정도 앞에 있는 점이 그 공간 중앙에 보이도록 조절한다. 점이 계속 보이게 하면서 양손을 서서히 얼굴 쪽으로 가져오는데, 팔꿈치의 각도가 90도 정도 되었을 때 손이 향하는 쪽 눈이 우세안이 된다. 이때 손이 오른쪽이나 왼쪽이 아닌 중심 우세를 보이면 양안시다.

　　타자는 타격 시 우세안을 앞쪽에 두는 편이 유리하다. 예를 들어, 왼쪽 눈이 우세안이라면 왼쪽 눈을 앞에 둘 수 있는 우타석에 서는 것이 투구를 보는 시야를 넓혀줄 수 있다. 처음 타격을 시작하는 유소년 시기에는 먼저 우세안을 측정하고 우세팔(양팔 중 더 강하고 세밀한 감각을 가진 팔)과의 득실을 따져 우타·좌타를 정하는 것도 좋은 방법이다.

이종욱은 왼쪽 눈을 우세안으로 가지고 있는 좌타자다.

타격을 준비하자
타격, 알고 시작하자

두 가지
타격 메커니즘

타격 메커니즘에는 테드 윌리엄스의 '로테이셔널 히팅 시스템rotational hitting system'과 찰리 로의 '웨이트 시프트 시스템weight shift system'이 있다. 로테이셔널 히팅 시스템은 체중을 크게 이동시키지 않고 제자리에서 하체와 몸통의 빠른 회전력을 이용하여 타격하는 것을 말한다. 주로 체중이 평균 이상인 타자들에게 맞는 스타일이라고 보면 될 것이다. 반면 웨이트 시프트 시스템은 체중을 이동시켜 회전 시 유효질량effective mass*을 이용하는 타격을 말한다. 주력이 빠르고 체중이 가벼운 선수들은 앞다리 쪽으로 체중을 이동시켜 컨택트하는 것이 라인 드라이브line drive** 타격을 하는 데 유리하다.

....

- 물체가 움직일 때 가지고 있는 고유의 질량. 이 책에서는 타자가 가지고 있는 고유의 체중과 전진하는 각운동의 힘을 통칭하여 말함
- 내야 혹은 외야 쪽으로 빠르게 일직선으로 날아가는 잘 맞은 타구

다시 말해, 근력이 우수하거나 체중이 많이 나가는 타자들은 중심을 무리하게 이동시키는 것보다 제자리에서 무산소 턴을 하는 것이 편리하고, 근력은 강하지 않지만 유연성이 좋은 타자들은 체중을 이동시키면서 유효질량을 이용한 유산소형의 타격을 하는 것이 바람직하다는 것이다.

이는 선수의 근력과 체중에 따라 선택해야 하지만 가장 이상적인 것은 두 메커니즘의 혼합형이라고 할 수 있다. 상체 근력이 좋고 체중이 많이 나가는 서양인은 로테이셔널 히팅 시스템만으로도 충분한 힘을 가할 수 있다. 하지만 동양인은 상체 근력에 비해 상대적으로 유연성과 컨택트 능력이 뛰어나기 때문에 유효질량과 회전력을 이용한 혼합형이 유리하다. 이때 스트라이드 보폭은 한 족 이내로 하는 것이 바람직하다.

로테이셔널 히팅 시스템 자세: 최형우
스트라이드를 크게 내딛지 않고 허리 회전과 코어 근력을
이용한 강력한 파워로 공을 때려낸다.

웨이트 시프트 시스템 자세: 이대형
'슈퍼소닉'이라는 별명답게 빠른 발과 날렵한 몸을 가진
선수로 체중을 투수 방향으로 이동시키면서 타격을 한다.

Use Your Space in the Batter Box

배터 박스 안의 공간을
활용하라

배터 박스(타자석)는 일반적으로 가로 1.2미터, 세로 1.8미터의 규격을 가지고 있다. 타자는 이 사각형을 벗어나지 않는 범위 내에서 앞쪽과 뒤쪽, 홈 플레이트를 기준으로 안쪽과 바깥쪽 등 본인이 공을 치기 편한 위치를 자유롭게 선택할 수 있다.

타격을 준비하자
타격, 알고 시작하자

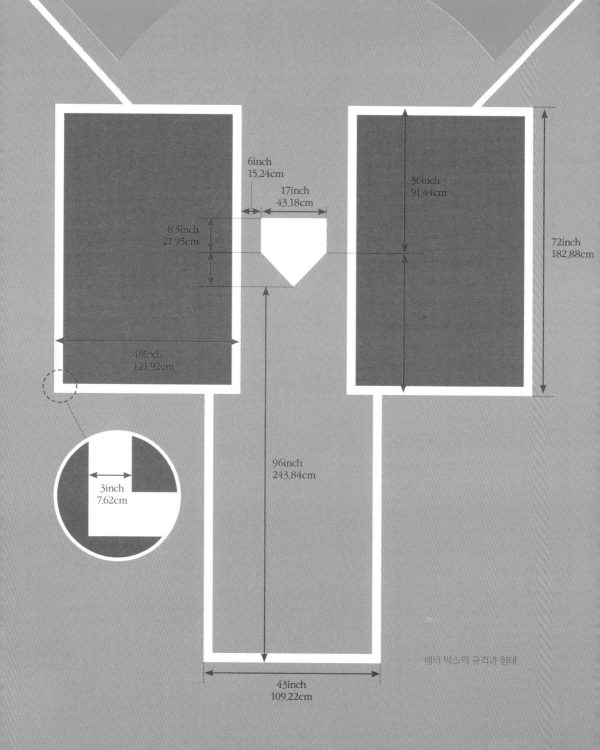

6inch
15.24cm

17inch
43.18cm

8.5inch
21.95cm

36inch
91.44cm

72inch
182.88cm

48inch
121.92cm

3inch
7.62cm

96inch
243.84cm

43inch
109.22cm

배터 박스의 규격과 형태

앞에 설 것인가, 뒤에 설 것인가?

배터 박스 앞쪽에 서게 되면 공의 구속이 떨어지기 전에 타격을 하게 되므로 타구에 더 큰 반발력을 줄 수 있고, 변화구의 각도가 예리해지기 전에 공을 칠 수 있다. 뿐만 아니라 상대편 야수들에게 공을 더 빨리 보내 수비를 어렵게 하고, 주루 시 1루와의 거리도 짧아진다. 대수롭지 않게 느껴질 수도 있지만 찰나의 순간에 세이프와 아웃이 결정되는 야구에서 이 거리의 차이는 승패를 가를 수 있는 매우 중요한 요소다. 현재 메이저리그에서 한 해 최다 안타 기록을 보유하고 있는 스즈키 이치로 같은 컨택트형 타자라면 선호할 만한 위치다.

그러나 앞쪽에서 타격을 하면 공을 오래 볼 수 없고, 보다 빠른 대처를 해야 한다는 결정적인 단점이 있다. 따라서 이런 단점을 이겨낼 수 있을 만한 타고난 선구안과 순발력, 빠른 스윙 스피드가 필요하다. 메이저리그의 전설적인 홈런왕 베이브 루스Babe Ruth*가 그 대표적인 예다. 국내에서는 박재홍이 배터 박스 앞쪽에서 타격을 했던 대표적인 선수로 알려져 있다. 그는 자신의 장점을 잘 살려 타격 위치를 정함으로써 30-30클럽**을 세 번이나 달성하고 최고의 클러치 히터clutch hitter***로 자리매김할 수 있었다.

....

- 미국인들이 가장 사랑한 메이저리그 선수. 투수로서도 월드시리즈에 진출하여 29와 3분의 20이닝 연속 무실점을 기록했을 정도로 다방면에 뛰어났다. 1918년부터 본격적으로 타격을 시작하여 이후 12번이나 홈런왕에 오르며 리그 최고의 거포가 되었다. 통산 714개의 홈런은 1974년 행크 에런에 의해 깨질 때까지 역대 최고 기록이었다.
- ** 30홈런과 30도루를 한 시즌에 기록한 장타력과 기동력을 모두 갖춘 호타준족의 선수
- *** 주자가 베이스에 있을 때나 팀이 득점을 필요로 하는 절체절명의 순간에 안타를 쳐내는 선수로 찬스에 강한 해결사를 가리킨다.

타격을 준비하자
타격, 알고 시작하자

배터 박스 앞에 서는 박재홍

타격할 때 앞발이 타석을 벗어날 정도로 앞으로 나가기 때문에 상대 팀 포수나 감독으로부터 어필을 받았던
적도 있다. 기본적인 실력이 뛰어난 데다 본인의 타격 스타일을 정확히 파악하여 가장 잘 맞는 위치를 잡았다고
볼 수 있다.

배터 박스 중간에 서는 김동주
앞쪽과 뒤쪽의 약점을 보완할 수 있는 이상적인 위치다. 국내 타자 중 배터 박스를 가장 잘 활용하는 선수로 꼽고 싶다.

타격을 준비하자
타격, 알고 시작하자

반대로 배터 박스 뒤쪽에서 타격을 하면 공을 오래 볼 수 있고, 공의 종속이 떨어진 상태에서 타격을 할 수 있다는 것 이외에는 모든 점에서 불리해진다. 하지만 많은 타자들이 공을 오래 볼 수 있다는 이유 하나만으로 배터 박스의 뒤쪽을 선호한다. 이용규는 타석 뒤쪽에 배트를 짧게 잡고 서서 스트라이크 코스로 들어오는 까다로운 공을 파울로 만들어내며 상대 투수를 괴롭히는 최고의 선두 타자다.

　　타격 위치는 개인적인 차이에 따라 결정되기 때문에 특별히 어떤 것이 옳다고 판단할 수는 없다. 그러나 이 책에서는 가장 보편적이면서도 앞쪽과 뒤쪽의 단점을 모두 보완할 수 있는 위치인 배터 박스 뒤쪽 라인에서 약 10~20센티미터 정도 앞쪽에 서는 것을 기본으로 한다.

배터 박스 뒤에 서는 이용규
뒷발이 선을 넘어간 것이 아닐까 싶을 정도로 규정에서 허용된 배터 박스의 가장 끝에 위치해 있다. 기본적으로 간결하고 빠른 스윙을 하는 선수로 공을 최대한 끝까지 보고 스윙을 한다.

붙을 것인가, 떨어질 것인가?

홈 플레이트 쪽에 너무 붙어서 타격을 하면 몸쪽 공을 치기 어려워지며, 스트라이크 존 안쪽 3분의 1 지역을 잃게 된다. 또한 사구에 대한 공포심이 생기고 판단을 빨리 해야 하기 때문에 자기도 모르게 스트라이드^{stride}* 하는 발이 열리고 엉덩이가 뒤로 빠지는 등 나쁜 습관이 나오기도 한다. 반대로 너무 떨어져서 타격을 하면 몸쪽 공에 대한 두려움은 사라지겠지만, 바깥쪽 공에 대처하기가 힘들어진다.

　컨택트형 타자는 배트를 짧게 잡고 치는 만큼 홈 플레이트 쪽으로 붙는 것이 유리하며, 방망이를 길게 잡는 장거리 타자는 떨어져서 치는 것이 유리하다. 일반적으로 스탠스^{stance}** 자세에서 무릎을 굽히고 홈 플레이트에 걸치도록 배트를 뻗었을 때 헤드 부분이 1센티미터 정도 바깥으로 나갈 수 있는 위치라면 적당하다. 이는 특히 신체 조건을 고려해야 하는 부분이므로 타격 시 자신에게 맞는 적당한 거리를 생각하면서 타격 위치를 잡는 것이 좋다.

---

* 타자가 스윙에 힘을 싣기 위해 투구 타이밍에 맞추어 선 자세에서 앞다리를 투수 쪽으로 내딛는 동작
** 타자가 타격을 하기 위해 배터 박스에 섰을 때 양발의 위치나 간격. 형태에 따라 오픈, 클로즈드, 스퀘어로 나뉜다.

타격을 준비하자
타격, 알고 시작하자

배트가 홈 플레이트에 1센티미터 정도 걸치도록 자리를 잡는 김현수

Half of Batting

타격의 절반,
시합 전 준비

타격의 절반은 타석에 들어서기 전에 이루어진다는 말이 있다. 시합 전 준비가 체계적으로 선행되지 않으면 타자는 타석에서 자신의 실력을 제대로 발휘할 수 없다. 특히 냉철한 승부의 세계에 있는 프로 선수들에게 시합 전 준비는 필수적인 부분이다.

상대 팀의 선발투수가 예고되면, 타자들은 개별적인 비디오 확인 작업에 들어간다. 이는 보통 전력분석실에서 제공하는 자료를 토대로 하지만, 개인적으로 메모한 자료를 이용하기도 한다. 별명이 '캡틴 비디오'였던 토니 그윈Tony Gwynn*은 당일 자신의 타격 모습과 다음 날 선발투수에 대한 분석을 하루도 빠트리지 않았다고 한다. 지금은 은퇴하여 코치를 하고 있는 김재현은 선수 시절 비디오를 통해 상대 투수의 습관을 분석하여 실전에 잘 활용하였다. 타자들은 시합 전 연습을 위해 그라운드에 나가기에 앞서 코치나 전력분석원으로부터 분석 내용을 듣게 된다.

타격을 준비하자
타격, 알고 시작하자

'캐넌히터'라는 별명을 가진 김재현은 폭발적인 스윙 스피드와 철저한 분석으로 좋은 성적을 기록했다.

• 20시즌 동안 오직 샌디에이고 파드리스에서만 활약하며 팬들의 사랑을 받았다. 8번의 타격왕. 통산 타율 0.338 그리고 3141개의 안타를 기록하며 리그 최고의 타격 머신으로 불렸다. 타격에 대한 끊임없는 연구는 선수들 사이에서도 유명했는데 10만 달러의 사비를 들여 구장에 비디오 분석 시스템을 설치할 정도였다. 2007년 97.6%의 득표율로 명예의 전당에 헌액되었다.

Dugout and Next Batter's Box

더그아웃과
대기 타석

더그아웃dugout*에서는 마음의 준비와 함께 상대 투수의 컨디션을 확인한다. 또한 그 투수와 상대했던 기억을 되새기며 이미지 트레이닝을 한다. 그라운드 상태에 영향을 미치는 날씨와 바람 등 환경적인 조건을 살피고, 라인업line up**이 발표되면 상대 팀의 포수가 누구인지도 확인한다. 포수에 따라 그날의 볼 배합이 달라질 수 있기 때문이다. 선수들에게 더그아웃은 실제 상황과 정보를 종합하여 상대를 분석함으로써 자신감을 얻고 작전을 세우기 위한 장소다.

....

- 야구장의 선수 대기석. 경기가 진행되는 동안 감독, 선수, 코칭 스태프가 시합을 지켜보며 대기하는 곳으로 경기에 필요한 배트, 헬멧, 글러브 등의 장비를 보관할 수 있다.
- ** 당일 경기에 출전할 선수의 타격 순서와 수비 위치. 배팅 오더(batting order)라고도 한다.

더그아웃에서 상대 투수의 공을 바라보며 이미지 트레이닝 중인 최형우

대기 타석에서는 투수의 공과 컨디션을 확인하는 작업을 한다. 더그아웃보다 실전에 가까운 공을 볼 수 있어 당일 투수의 구속과 구종에 대한 확인이 가능하다. 투수가 앞선 타자를 상대하는 모습을 보면서 어떤 공을 많이 사용하는지, 배터리battery˙가 어떤 볼 배합을 가져가는지 관찰한다. 이는 투수의 특성에 따라 달라질 수 있다. 몸이 늦게 풀리는 슬로 템포slow tempo 투수는 경기 초반에 변화구를 많이 던지면서 어깨를 달구는 경향이 있는 반면, 몸이 빨리 풀리는 투수는 경기 초반부터 패스트볼을 많이 구사한다. 우수한 타자들은 상대 투수의 특징을 빨리 파악해서 그 길목을 지키는 동물적인 감각을 가지고 있다.

이런 준비 작업들은 모두 타석에 들어서기 전에 이루어져야 한다. 타석에서는 완벽한 무심無心 상태로 공에만 집중하되, 준비했던 것들을 떠올리며 확신을 가지고 실행에 옮길 수 있도록 한다. 타격이란 평소 반복적인 연습과 시합에서 경험한 것을 토대로 예측한 구종과 구속에 자연스럽게 반응하는 것이다. 생각이 많아지면 망설이다가 준비 동작이 늦어져 좋은 결과를 기대할 수 없다. 항상 새롭게 타석에 임하는 자세로 공 하나하나에 집중하는 습관이 들어야 투수와의 싸움에서 이길 수 있다.

볼 카운트에 따라 투수가 다음에 던질 공을 예측하면서 구종을 노려 치는 경우도 있다. 그러나 투 스트라이크 이후에는 공을 직접 보고 칠 수 있어야 한다. 투수가 다음에 어떤 공을 선택할지는 여러 가지 요인에 따라 변할 수 있으므로 구종 예측을 일반화하는 것은 바람직하지 않다.

....

• 경기에 출전하는 투수와 포수를 함께 묶어서 이르는 말

대기 타석에서 준비 중인 이승엽

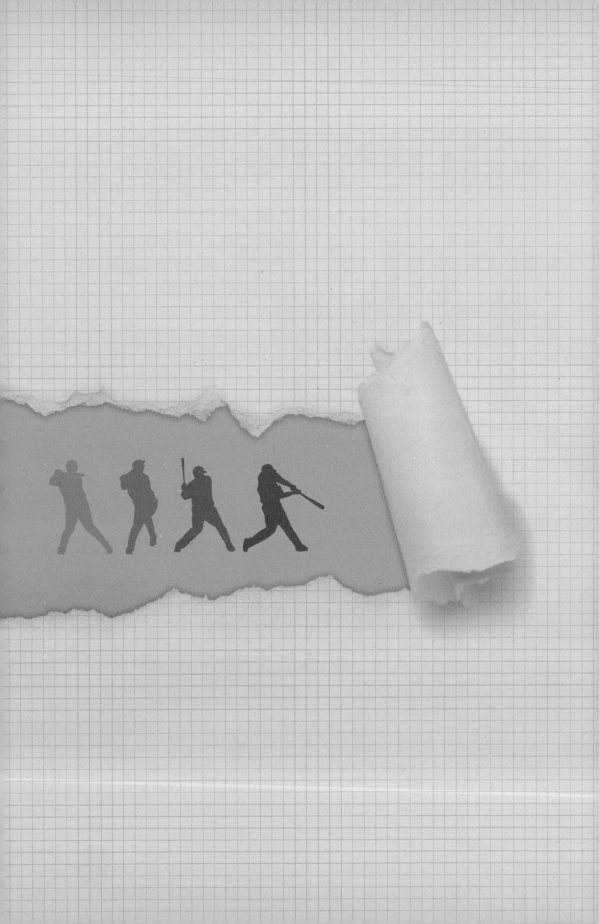

2장

타격을 배우자

타격 동작을 풀어서 설명하는 것은 쉬운 일이 아니다. 그것은 타격이 매우 순식간에 일어나면서도 과학적이고 세밀하게 수행되는 연속 동작들의 집합체이기 때문이다. 어떻게 하면 약 0.2초 사이에 일어나는 스윙 동작을 원활하게 해주고, 연쇄적인 작용으로 배트 스피드를 끌어올려 컨택트 시 파괴력을 최대로 만들 수 있을까? 수없이 많은 연습으로 만들어진 프로 타자들의 호쾌한 스윙은 가히 예술적이라고 표현할 수 있다. 방망이 하나에 울고 웃는 그들의 세계로 들어가보자.

이상적인 타격을 위한
기본 동작

The Principle of Batting

타격의 원리

타격을 성공적으로 달성하기 위해서는 신체를 최대한 이용하여 배트를 효과적으로 컨트롤해야 한다. 타격은 본질적으로 회전운동으로 이루어진다. 회전운동이란 물체가 회전축을 중심으로 일정한 각을 그리며 회전하는 것을 말한다. 이때 회전은 지면에서 회전축에 가까운 분절부터 멀리 떨어진 분절까지 순차적으로 이루어지는 것이 바람직하다. 채찍을 휘둘렀을 때를 상상해보라. 어깨와 팔꿈치, 손목으로 이어지면서 가해지는 힘이 채찍 끝을 매섭게 돌아가게 하는 것과 같은 원리라고 생각하면 된다.

　타격은 복잡하고 미묘하기 때문에 정답을 찾기가 쉽지 않다. 그러나 모든 것은 기본에서 시작한다. 국내 정상급 타자인 이대호의 이상적인 타격폼을 통해 올바른 타격을 위한 기본 동작과 그 원리에 대해 차근차근 이야기해보기로 하자.

타격을 배우자
이상적인 타격을 위한 기본 동작

그립

올바른 배트 잡기

배트를 잡을 때는 노브 쪽에 위치하는 아래 손(이후 보텀 핸드bottom hand)의 손바닥과 손가락의 경계 부분에 손잡이를 두는 것이 좋다. 배트를 너무 손바닥 쪽으로 잡으면 컨트롤할 때 유연성이 떨어지고, 반대로 너무 얕게 손가락 부위로 잡으면 유연성은 있으나 투구의 힘에 밀릴 가능성이 있다.

위의 손(이후 톱 핸드top hand)은 보텀 핸드보다 좀 더 손가락 쪽으로 배트를 잡는다. 톱 핸드를 안쪽으로 깊숙이 잡으면 투구에 밀려 엄지와 검지 사이에 부상을 입을 수 있을 뿐 아니라(프로 선수들이 손가락 보호대를 끼는 것도 이 부분의 부상을 피하기 위해서다) 컨택트 시 배트와 손의 촉감 전달이 늦어져 배트 컨트롤의 순발력과 유연성이 떨어진다.

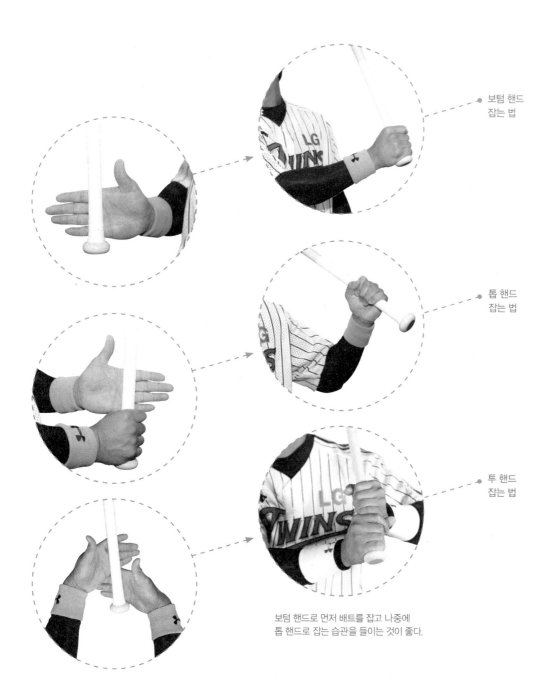

보텀 핸드
잡는 법

톱 핸드
잡는 법

투 핸드
잡는 법

보텀 핸드로 먼저 배트를 잡고 나중에
톱 핸드로 잡는 습관을 들이는 것이 좋다.

예전에는 양손의 두 번째 손가락 관절이 한 줄이 되도록 배트를 잡는 것을 추천했다. 이 경우 스윙의 유연성은 확보되지만 컨택트 시 배트가 공에 밀릴 가능성이 있으므로 톱 핸드를 약간 안쪽으로 감아쥐듯이 잡는 것이 좋다. 얼마나 안쪽으로 잡을지는 개인의 손 크기에 따라 결정된다. 다만 톱 핸드를 지나치게 안쪽으로 감아쥐게 되면 유연성이 떨어지고 팔꿈치가 들릴 우려가 있다.

배트의 회전력을 높이기 위해서는 양손 모두 엄지와 검지를 제외한 나머지 세 손가락(중지, 약지, 소지)으로 잡되, 검지로는 배트를 부드럽게 쥐고 있어야 한다. 배트의 손잡이 끝을 잡고 손가락의 폭을 촘촘하게 할수록 배트 헤드를 빨리 돌릴 수 있다. 반면 배트를 짧게 잡는 컨택트형 타자라면 손가락의 폭을 넓게 해도 무방하다. 이 경우 회전력은 떨어지지만 배트 컨트롤에 안정감을 얻을 수 있다.

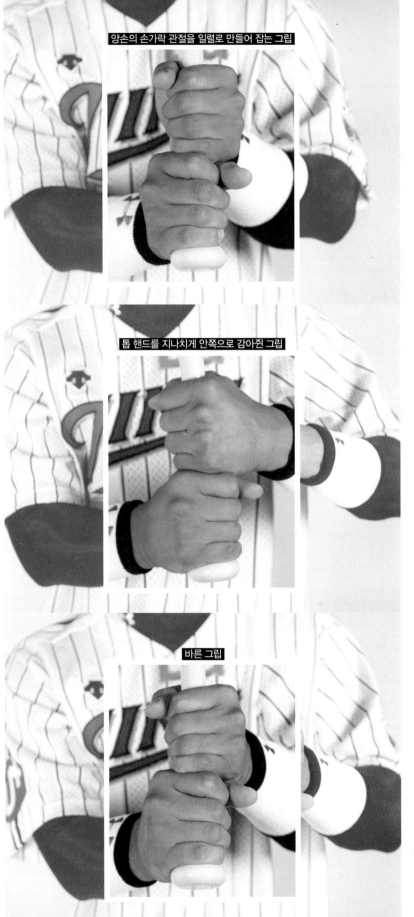

양손의 손가락 관절을 일렬로 만들어 잡는 그립

톱 핸드를 지나치게 안쪽으로 감아쥔 그립

바른 그립

루틴과 리듬

타자들은 타석에서 지나치게 긴장하거나 집중력이 흐트러져 제대로 된 스윙을 하지 못하는 경우가 있다. 이를 방지하고 심리적 안정감과 신체적 편안함을 느끼기 위해서는 자신만의 일정한 루틴을 가지고 있어야 한다.

국내 선수 중 박한이는 땀을 닦고 허리를 숙여 헬멧을 다시 착용한 다음, 앞다리를 길게 스트라이드하고 배트로 홈 플레이트 앞쪽에 선을 긋는다. 그 후 연습 스윙을 한 번 하고 어깨 위에 배트를 올렸다가 위로 들어올리며 본격적인 타격 동작에 들어가는 복잡하고 긴 루틴 동작을 매 타석 반복한다. 그 때문에 상대 투수는 템포가 끊어져 언제 투구를 해야 할지 타이밍을 잡기 힘들어하고, 간혹 경기 시간이 길어지거나 12초 룰*의 적용으로 경고를 받기도 한다.

박한이는 이런 습관이 오래전부터 몸에 배어 있기 때문에 본인도 어쩔 수 없이 긴 루틴 동작을 취해야만 심리적으로 마음이 편안해지고, 스탠스 자세의 준비 과정도 자연스럽게 이루어진다고 한다. 2010년 경기 촉진법에 의해 12초 룰이 생긴 이후 상대 선수들의 불평과 야유로 루틴 동작을 짧게 바꾸려고 노력했지만, 스탠스 자세에서 준비가 급하게 이루어져 심리적으로 쫓기게 되면서 결국 다시 원상태로 돌아가게 되었다. 타자들의 루틴 동작은 투수의 인터벌 타이밍에 맞추어 일정하게 이루어지는 것이 좋다. 루틴이 너무 짧으면 조급해질 수 있고, 지나치게 길면 집중력이 흐트러질 수 있기 때문이다.

리듬은 루틴 동작부터 자연스럽게 이루어지며, 스탠스 자세와 타격까지 매끄럽게 연결될 수 있도록 만들어준다. 리듬 동작은 선수에 따라 체중을 앞뒤로 자연스럽게 움직이는 경우도 있고, 마음속으로 하는 경우도 있다. 루틴과 리듬을 잘 만드느냐 아니냐에 따라 타격 동작이 부드러워지기도 하고 딱딱해지기도 한다.

❶ 허리를 숙여 헬멧 다시 쓰기 ▶ ❷ 앞다리를 스트라이드하며 배트로 홈 플레이트 앞에 선 긋기

❸ 스윙 간단히 해보기 ▶ ❹ 어깨 위에 배트 올려놓기

 타자들마다 고유한 루틴을 갖는 것은 자연스러운 현상이지만 가끔 그것이 독이 되는 경우도 있다. 조지 시슬러George Sisler는 스즈키 이치로가 신기록을 세우기 전 최다 안타 기록을 가지고 있었던 선수다. 그는 시력에 문제가 생긴 후 초점을 맞추기 위해 한동안 땅을 바라본 후 타격에 임했는데, 이를 눈치챈 투수들은 시슬러가 시선을 땅에서 떼는 순간 재빨리 공을 던졌다고 한다.

....
• 주자가 없을 때 투수가 12초 내에 공을 던져야 한다는 규칙. 2루심이 타자가 타석에 발을 고정시킨 순간부터 투수가 투구를 위해 내딛는 발을 드는 시점까지의 시간을 측정하고 주심에게 사인을 한다. 룰을 어겼을 때는 1차 경고, 2차 볼을 선언. 투수가 12초를 아슬아슬하게 넘겼을 경우에는 타자에게 어드밴티지를 준다. 타자가 그 공을 쳐서 플라이나 땅볼로 아웃이 된다 해도 이는 무효이며, 볼 카운트에서 볼을 선언한다. 만약, 친 공이 안타나 홈런이 됐을 경우에는 그냥 인정한다.

나무 배트의 마크 표시

배트의 나뭇결을 살펴보면 곧은 평행선 무늬와 물결 무늬가 나타나 있는 것을 알 수 있다. 제조사의 마크는 배트 헤드의 물결 무늬 쪽에 찍게 되어 있다. 물결 무늬가 나타나는 부위는 나무의 성질이 견고하지 못해 이 부분으로 타격을 하면 배트가 부러질 수 있다. 따라서 타격을 할 때는 마크를 피해 평행선 무늬가 나타나는 쪽으로 공을 때려야 한다. 참고로 배트는 나뭇결의 폭이 넓을수록 좋고, 손잡이 부분에 헛나이테가 들어 있지 않은 무결한 것을 선택해야 한다.

스윙을 할 때는 마크를 투수 쪽이나 포수 쪽으로 약간 돌려서 잡는 것이 좋다. 그래야만 컨택트 시 배트가 약간 돌아서 정확하게 나뭇결대로 칠 수 있다. 또한 컨택트 존에서 보텀 핸드의 손등과 톱 핸드의 손바닥이 하늘을 보도록 배트를 잡아야 마크의 위치가 변하지 않는다.

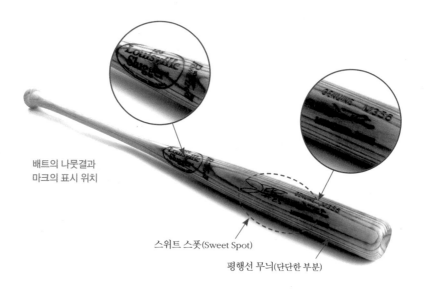

배트의 나뭇결과
마크의 표시 위치

스위트 스폿(Sweet Spot)

평행선 무늬(단단한 부분)

마크 표시를 약간 돌려서 잡는 경우:
컨택트 시 정확히 맞는다.

마크 표시를 정면으로 보이게 잡는 경우:
컨택트 시 배트가 돌아가서 부러질 수도 있다.

마크 표시를 컨택트 존에서
미리 하늘로 향하게 한다.

배트를 들고 있는 그립의 위치

배트를 잡은 후 그립은 뒤쪽 팔의 어깨 부분에 두는 것이 좋다. 이때 손목은 꺾이지 않고 자연스러워야 하며, 배트의 노브는 포수 쪽을 향해야 한다. 보텀 핸드의 팔꿈치는 가슴 쪽에 두는데, 그 사이에 주먹 하나가 들어갈 정도의 공간이 있는 것이 자연스럽다. 톱 핸드의 팔꿈치는 겨드랑이에 주먹 한두 개가 들어갈 정도로 바깥쪽으로 들려 있는 것이 좋다.

보편적인 그립의 위치

스탠스

타자가 스탠스 동작을 취할 때는 배터 박스에 서서 편안한 자세로 투수를 바라볼 수 있어야 한다. 스탠스 자세는 일반 사람들이 보기에 타자가 단순히 방망이를 들고 투수의 공을 기다리는 것 정도로 보일 수 있다. 그러나 스탠스에 따라 모든 동작이 매끄러워지기도 하고 불필요한 동작이 생기기도 하므로 이를 가볍게 취급해서는 안 된다. 보폭과 그립, 서 있는 자세가 조화를 이루어야 자연스럽게 다음 동작으로 연결될 수 있다.

스탠스의 보폭에 따라 타격 시 리듬과 타이밍 동작, 체중 이동이 달라질 수 있으며, 그립의 형태와 위치에 따라 스윙의 컨트롤도 다양해진다. 또한 서 있는 자세에 따라 파워 존power zone*의 사용으로 힘을 전달하는 방법에서도 차이를 보인다. 이처럼 스탠스는 공을 보는 선구안뿐만 아니라 스윙의 좋고 나쁨에도 큰 영향을 미친다.

....
• 신체의 대부분의 힘을 낼 수 있는 어깨부터 무릎 사이의 부위

스탠스 자세의 새로운 변화의 물결

최근에는 타자들의 트렌드가 투수들의 빠른 구속과 예리한 변화구에 대응하기 위해 어슬렉틱스 스탠스 자세를 선호하는 것 같다. 그냥 서 있는 스탠스 자세에서 빠른 볼에 적응하기 위해 바로 스트라이드와 체중이동에 들어가고 빠른 회전으로 컨택트하는 스윙이 트렌드가 되고 있다. 스탠스 자세에서 팔을 뒤로 많이 가져가는 슬러거형이나 선구와 컨택트에 치중하기 위한 웅크리는 자세를 취하는 타자들과 노 스텝을 사용하는 타자들은 많이 줄어드는 추세다. 이러한 타자들의 스탠스 자세의 변화는 최근 빠른 구속을 던지는 투수가 많아지면서 자연스럽게 타자들도 간결한 체중이동과 신속한 회전력을 이용하여 넓은 컨택트 지역을 커버하기에 적합한 어슬레틱스 스탠스 자세로 변화가 일어나 새로운 트렌드가 되고 있다.

스탠스 자세에는 다음과 같은 유형이 있다.

- 최근 유행하는 어슬레틱스 스탠스 타자
- 컨택트형 스탠스 타자
- 슬러거형 스탠스 타자
- 노 스텝 스탠스 타자

어슬레틱스 스탠스

모든 스포츠에서 짧고 폭발적인 파워를 내기 위해 무릎을 유연하고 간결하게 굽혔다가 펴는 동작을 사용하는 기본적인 자세를 유지한다. 야구에서도 어슬 레틱스 스탠스(어슬렉티스 베이직 포지션athletic basic position이라고도 불린다)는 최근 들어 투수들의 빠른 구속과 예리한 변화구에 대처하기 위해 타자들이 전체적으로 서다시피 한 자세에서 15~30도 각도로 무릎을 굽혀 서는 스탠스 자세를 말하며, 최근 많은 선수가 선호하는 자세이기도 하다. 빠른 구속에 대한 대처 능력과 스트라이크 존의 넓은 지역을 커버하는 컨택트 능력, 그리고 순간적이고 빠른 회전을 동반한 스윙으로 배트 스피드를 높이고 빠른 타구를 보낼 수 있는 간결한 스트라이드로 자연스럽게 서 있는 느낌을 주는 스탠스 자세다.

이대호

타격을 배우자
이상적인 타격을 위한 기본 동작

이형종

김하성

타격을 배우자
이상적인 타격을 위한 기본 동작

박민우

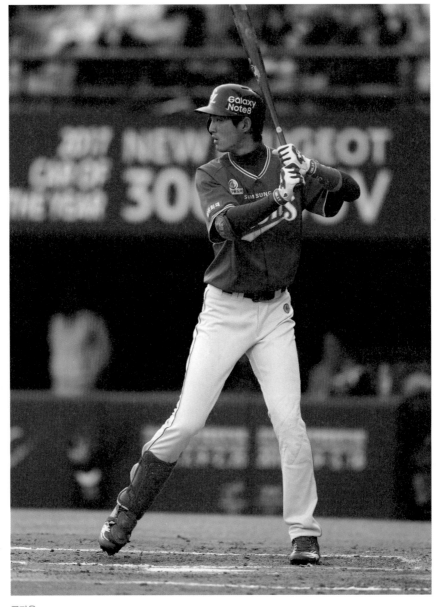

구자욱

타격을 배우자
이상적인 타격을 위한 기본 동작

슬러거형 스탠스

전통적인 슬러거형 스탠스는 스윙의 아크를 크게 가져가기 위해 스탠스 자세에서 파워 포지션에 가깝게 보톰 핸드를 뒤로 뻗어서 크게 만들고 탑 핸드도 높게 들어서 스윙의 전체 아크를 크게 가져가기 위한 상체 포지션이다. 하체의 보폭도 평균보다 넓게 벌리고 밸런스도 뒷다리에 체중을 실어주는 스탠스 자세를 말한다. 몸쪽과 높은 볼, 그리고 빠른 변화구에 대한 대처 능력이 떨어질 수가 있다.

최승준

타격을 배우자
이상적인 타격을 위한 기본 동작

박석민

컨택트형 스탠스

전통적인 컨택트형 타자는 정확한 선구안을 위해 무릎과 상체를 많이 웅크리며 정환한 컨택트를 위해 하체로부터 상체의 유기적인 스윙 메커니즘보다 상체에 의존성이 높은 컨택트에 치중할 수 있도록 낮은 자세를 취하는 스탠스 자세다. 선구안과 컨택트에 유리한 점이 있을 수 있으나 무릎을 굽히고 웅크리고 있기 때문에 높은 빠른 볼에 대처하기 위해 하체의 무릎 사용에 시간적인 부담이 있으며 넓은 컨택트 지역을 커버하는 능력과 장타력에는 부적합할 수 있다.

손아섭

민병헌

타격을 배우자
이상적인 타격을 위한 기본 동작

노 스텝 스탠스

노 스텝 스탠스를 이용하는 타자는 신체 조건이 크고 체중이 무거운 선수들이
자신의 신체 조건에 맞게 최적화시킨 자세에서 스트라이드로 체중을 이동시키
는 유효 질량의 불필요한 동작을 없애고 하체와 몸통 회전을 활용하여 제자리
턴의 힘 있는 스윙을 하는 스탠스 자세를 말한다.

김태균

타격을 배우자
이상적인 타격을 위한 기본 동작

김동엽

Visualize

시각화

타자들은 좋은 스윙보다 눈이 좋아야 좋은 타격을 할 수 있다고 한다. 좋은 눈은 투구 공간을 시각화하여 볼을 잘 추적하는 것을 말한다. 베테랑 타자들이 배트 스피드와 유연성이 떨어지고 동체시력이 저하되지만 우수한 타격 성적을 유지할 수 있는 원동력은 투구 공간을 시각화하는 경험과 능력에서 젊은 타자들을 앞서기 때문이다.타자는 공이 투수의 손을 떠나 16.44미터를 날아오는 동안 타격에 필요한 모든 작업을 해야 한다. 타자는 구속과 구종 그리고 스윙의 여부를 결정해야 하는 0.25초 이후에는 볼의 스피드에 의한 각 속도 때문에 시야에서 공을 놓치게 되는데, 그 구간은 마운드에서 홈 플레이트까지 2/3(6미터) 정도의 지점이다.

타자는 스윙을 시작해서 컨택트 지점까지 휘두르는 데 0.15초 정도의 시간이 필요하다. 문제는 타자가 투수가 던진 볼을 끝까지 보고 타격하는 것은 불가능하다는 점이다. 평균적인 타자들은 홈 플레이트의 10~12피트(3.0~3.7미터)

지점에서 공을 시야에서 놓치게 된다. 반면 동체시력이 뛰어난 메이저리그 선수들은 6~8피트(1.8~2.4미터) 지점까지 공을 시야에 둘 수 있다고 한다.

우수한 타자들은 눈의 패턴에 일관성이 있는데, 그 패턴은 공을 보는 시점, 보는 지점, 집중의 종류를 포함한다.

집중의 종류에는 두 가지가 있는데, 보통 넓은 시야를 쓰는 집중은 4~5초 동안 계속되며 세밀한 시야를 쓰는 집중은 2~3초 동안 유지된다. 대부분의 타자는 릴리스 구간에만 집중하라고 배운다. 너무 일찍 혹은 너무 늦게 본다면 공을 잘 보지 못한다. 타자는 짧은 순간 집중력을 높여서 선구한다. 타자는 자신에게 맞는 눈의 리듬을 가지고 넓은 시야에서 세밀한 시야로 옮겨가는 올바른 패턴을 일관되게 사용하는 것이 집중력을 높이는 효과적인 방법이라는 것을 알 수 있다. 타자가 스윙을 너무 세게 하거나 오버스윙을 할 때 무리하게 힘을 주면 목의 근육이 경직되고 머리와 어깨가 타격구간을 벗어나게 된다.

많은 우수한 타자들은 릴리스 구역에 시선을 두는 일이 매우 중요하다는 걸 무의식적으로 느낀다. 타자는 시각화 작업을 통해 눈을 좀 더 효과적으로 사용할 수 있다.

3구간

2구간

1구간

타격을 배우자
이상적인 타격을 위한 기본 동작

시각화 구간

1구간은 투수의 릴리스 동작에서부터 3.8미터 구간이다. 타자는 이 구간에서 확연하게 드러나는 볼을 구분할 수 있다. 1구간에서 어려움을 겪는 타자는 보통 투수의 릴리스 동작을 보지 못한다. 스포츠 비전에 따르면 동체시력이 좋은 선수는 투수의 릴리스 포인트로부터 1.83미터에서 볼을 판단할 수 있고 동체시력이 떨어지는 선수는 3.8미터 구간에서 알 수 있다. 릴리스를 보지 못하는 타자는 투수의 손을 떠난 약 1.83미터 지점에 도착했을 때 공을 처음 보게 된다. 투수의 릴리스를 보지 못하는 타자는 투수가 투수 플레이트에서 1.83미터 전방 지점에서 공을 던지는 느낌을 받게 된다. 그러면 타격 준비가 늦거나 투구를 놓치게 된다. 1구간은 투수의 투구 리듬에 맞추어 타자가 동시화하는 지역이다.

2구간은 3.8미터 지점에서 비행거리의 중간지점인 7~9미터이다. 이 구간은 공의 움직임을 판단할 수 있는 곳이기 때문에 매우 중요하다. 타자는 이 구간에서 처음 공의 회전을 볼 수 있다. 이 구간에서 타자가 공을 보고 스트라이크와 볼을 판단하여 스윙을 할 것인지, 멈출 것인지 결정을 하는 지역이다.

3구간은 타자가 투구에 맞추어 스윙 궤적을 조절하며 배트의 컨트롤을 하는 지역이다. 3구간까지 타자가 공을 유기적으로 보지 못하면 투구에 대해 일관성 있게 대응하지 못한다.

우수한 타자들만이 1·2·3구간 전체에 걸쳐 계속해서 유기적으로 공을 본다.

대부분의 타자들은 세 구간 중 2개의 구간에서만 공을 본다. 예를 들면 다음과 같다.

- 투수의 릴리스 순간과 컨택트 순간만 보고 중간 구간은 잘 보지 못하는 선수
- 투수의 릴리스 순간 1구간과 2구간에서는 잘 보지만 3구간에서 공을 놓치는 선수
- 투수의 릴리스 순간을 놓치고 바로 타격구간을 보는 선수

눈이 볼을 앞질러 가는 경우는 타자가 투수의 손에서 공이 릴리스되는 순간을 보지 못하고 릴리스 후 2.5~3.5미터가 지난 다음에 볼 때이다. 이때 타자의 눈은 공을 추적하지 못한 채 바로 타격구간을 보게 된다. 볼을 길게 보는 것이 아니라 바로 타격구간에서 보는 나쁜 습관이 되는 경우다. 이런 경우 시선이 너무 빨리 공을 때리려고 타격구간으로 옮겨가기 때문이다. 기본적으로 타자가 타석에서 하는 수정은 투구의 폼과 구속에 따라 볼이 빠르거나 느린 변화에 대한 타이밍을 조절하기, 볼이 높거나 낮은 데 대한 조절하기, 안쪽 볼이나 바깥쪽 볼에 대한 조절하기, 스트라이크와 볼을 구분하는 것이다. 그리고 타격 자세와 타격 기본기에 관한 모든 생각은 타석 바깥에서 해야 한다.

리그에서 공을 잘 추적하는 우술한 타자들은 눈과 머리로 공을 추적한다는 사실이 밝혀졌다. 그들은 투수의 손에서 타격구간까지 눈과 머리로 공을 추적하지 않으면 공을 보는 시간이 짧아진다고 했다. 머리를 앞쪽으로 향하고 턱을 공을 향해 내미는 타자를 보고 공을 더 잘 볼 것이라고 생각한다.

구종에 대처하는 시각화

타자는 투수가 공을 릴리스할 때부터 공을 볼 수 있도록 습관화해야 한다. 투수가 공을 릴리스할 때 어떤 투구인지 알 때가 많이 있기 때문이다. 직구를 던질 때 투수의 손바닥을 볼 수 있고, 커브를 던질 때 투수의 손목이 꺾이는 것을 볼 수 있다. 우리의 눈은 무의식적으로 대상을 보는 경우가 많으며 보이는 것에 대해 무의식적으로 반응하기도 한다. 시각화를 통해 구종을 훨씬 더 빠르게 판단을 할 수 있게 되고, 좋은 스윙으로 연결되는 확률도 높아진다.

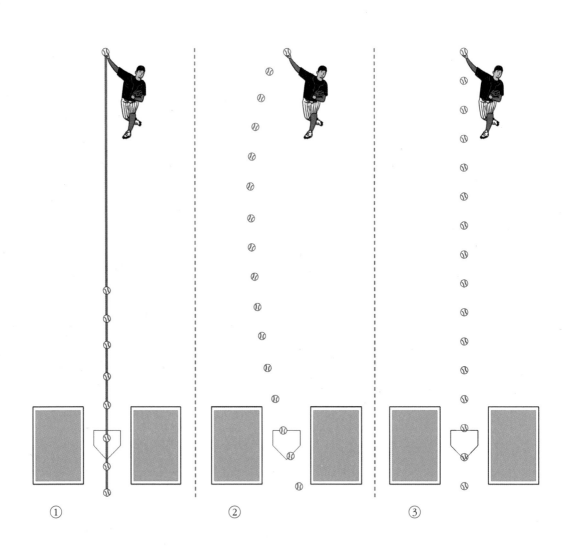

① ② ③

① 직구는 투수의 릴리스 포인트에서 투수의 손바닥을 볼 수 있고, 공이 놀리듯이 손보다 낮게 위치해 있는 것을 볼 수 있으며, 투수의 손에서 컨택트 지점까지 일직선으로 내려오는 투구 궤적을 읽을 수 있도록 시각화한다.

② 커브는 던지는 순간 패스트볼과 반대로 회전시켜야 하기 때문에 릴리스 포인트에서 손목이 꺾이는 것을 볼 수 있으며 손이 튕기듯이 원을 그리는 것을 느낄 수 있다. 손보다 공이 위쪽에 있는 것을 볼 수 있으며 붉은색의 원을 그리며 들어오는 심seem을 볼 수 있다.

③ 체인지업은 패스트볼과 똑같은 투구 폼에서 나와 같은 회전을 하지만 스피드는 느리다. 패스트볼과 다르게 붉은 점이 떨어져서 들어오는 심을 볼 수 있다.

Simultaneousness

동시화

타석에서 기본적인 폼을 잡은 타자는 본인만의 리듬을 타기 시작한다. 이것은 투구에 제대로 타이밍을 맞추기 위한 동시화 작업으로 타격 시 꼭 필요하다. 이 부분은 선수마다 고유한 특징을 보이기 때문에 어떤 것이 좋고 나쁘다고 평할 수 없다. 몸을 거의 움직이지 않고 마음속으로만 타이밍을 잡는 선수가 있는 반면, 상·하체를 모두 움직이는 선수, 배트만 움직이는 선수 등 다양하다.

투수가 포수와 사인을 교환하고 본격적인 투구에 들어가면 타자 역시 그 리듬에 맞춰 타격 동작을 가져가기 시작한다. 투수가 투구를 하기 위해 스트라이드해서 앞발을 착지할 때 타자도 앞발의 뒤꿈치나 발끝을 눌러 리듬과 반동을 주면서 다리를 들어 동시화 작업을 한다. 그리고 투수가 릴리스를 하는 시점이 되면 뒷다리의 체중을 앞다리로 옮기면서 스트라이드한다.

타격을 배우자
이상적인 타격을 위한 기본 동작

동시화 연속 동작

동시화 작업은 균형 잡힌 체중 신기 동작을 위해서도 필수적이다. 동시화 작업을 하지 않으면 체중이 뒷다리 안쪽에 실리지 않고 바깥쪽으로 빠질 (스웨이, sway) 가능성이 높아진다. 뿐만 아니라 체중을 언제 옮겨야 할지 타이밍을 잡기도 힘들어진다. 타자들은 동시화 작업을 통해 쉽고 편하게 투수와의 타이밍 싸움에서 이길 수 있는 유리한 고지를 점하게 된다.

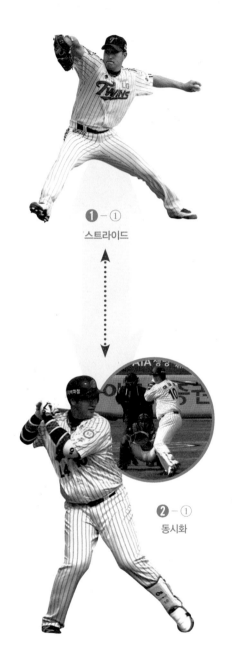

❶-① 스트라이드

❷-① 동시화

타격을 배우자
이상적인 타격을 위한 기본 동작

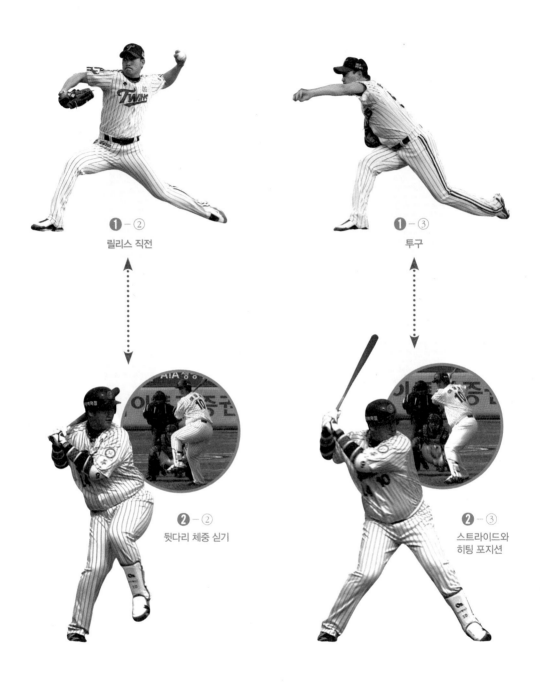

❶－②
릴리스 직전

❶－③
투구

❷－②
뒷다리 체중 싣기

❷－③
스트라이드와
히팅 포지션

Weight Shift

체중 싣기

타자가 스트라이드를 위해 앞다리를 들면 자연히 뒷다리에 체중이 실린다. 이때 뒷다리 안쪽 볼과 복숭아뼈, 그리고 무릎과 대퇴부 안쪽 부분에 체중이 실린다는 느낌이 들어야 하며, 뒷다리 고관절*은 체중을 싣고 옮길 때 조정 역할을 할 수 있어야 한다.

사람은 단지 서 있는 것만으로도 지면으로부터 체중만큼의 반력을 받고 있다. 반력 에너지의 손실을 적게 하기 위해서는 뒷다리의 무릎과 대퇴를 수직보다는 경사지게 투수 쪽으로 향하게 하고 서는 것이 좋다. 이때 체중을 뒤로 옮기는 힘과 뒷다리에서 앞쪽으로 버텨주는 힘이 서로 맞닿는 정점에서 대퇴와 고관절에 체중을 싣고 투구의 타이밍에 맞추어 체중을 앞다리로 이동시키면서 스트라이드를 하며 타이밍을 맞출 수 있어야 한다.

....

• 엉덩이 뼈와 허벅지 뼈를 잇는 관절. 매우 강하고 안정적이어서 몸통의 무게를 지탱하고 과격한 운동을 견뎌낼 수 있다.

체중 싣기 연속 동작

최근 들어 투수들의 구속 증가로 인해 타자들도 체중을 실을 때 조금씩 변화가 일어나고 있다. 투수의 평균 구속이 90마일일 때는 뒷다리 고관절에 체중을 실어 옮겼지만 투구 구속이 100마일 가까이 던지는 투수들이 늘어나므로 타자들도 빠른 볼에 대처하기 위해 체중을 뒷다리에 실을 때 양다리에 50 대 50 균형 잡힌 자세를 유지하며 바로 타격 동작으로 연결하는 것이 최근 트렌드다.

최형우

간혹 앞다리를 들어 체중을 완전히 뒷다리로 보냈다가 다시 앞다리로 이동시키는 선수들이 있다. 그러나 체중을 완전히 뒤로 보내면 체중이 바깥쪽으로 빠져나가거나 순간적으로 멈춤 동작이 일어나는 문제가 발생할 수 있다. 이 부분이 체중 싣기를 할 때 가장 오해가 생기기 쉬운 부분이다. 타격 시 중심축을 지나치게 이동시키는 것은 좋지 않다.

또한 앞다리를 들 때 무릎을 과도하게 포수 쪽으로 향하게 하는 것도 바람직하지 않다. 앞다리를 안쪽으로 비틀어 들면 타격을 할 때 스트라이드 착지가 늦어져 발 → 무릎 → 대퇴부 관절 → 허리 → 척추 → 어깨로 이어지는 연결 동작이 순서대로 되지 않고, 상체에 의존한 스윙을 하게 된다. 더구나 몸쪽 공에는 더욱 취약할 수밖에 없다. 스윙 시 발부터 상체까지의 회전이 동시에 일어나므로 자연히 신체 부위가 하나씩 반응할 시간이 남아 있지 않게 되는 것이다.

따라서 앞다리를 들어 체중을 실을 때 무릎과 발끝이 투수를 향해 열리지도 닫히지도 않은 평행 상태를 유지하는 것이 정답이다. 다리를 자연스럽게 들어야 스트라이드 이후 하체에서 상체로 이어지는 순차적인 회전력을 최대한 이용하여 힘 있는 스윙을 할 수 있다. 타자는 체중을 지면으로부터 띄우는 반력과, 하체와 상체의 분리에 의해 일어나는 꼬임을 이용한 스윙을 해야 한다.

박석민의 각도   이대호의 각도

앞다리가 과도하게 포수 쪽으로 향한 박석민과 이상적인 체중 싣기 동작을 보여주는 이대호

Stride

스트라이드

타자가 타이밍을 맞추는 동작은 크게 스트라이드, 무릎과 힙 회전, 상체 회전 초기의 세 단계로 나눌 수 있다. 그중에서도 스트라이드는 타이밍을 맞추는 작업과 타격 시 힘을 쓸 수 있는 분리 동작이 함께 이루어지기 때문에 매우 중요하다.

일본 프로야구의 전설적인 타자 장훈張本勳[●]은 스트라이드 시 특히 앞무릎의 유연성을 강조하고 있다. 앞무릎을 유연하게 하면 이를 통해 타이밍을 조절할 수 있기 때문이다. 공이 투수의 손을 떠난 시점에서 직구인지 변화구인지를 파

● 일본 프로야구 통산 2752경기에 출전하여 타율 0.319, 3085안타, 504홈런, 1676타점, 319도루를 기록한 대타자. 최초의 3000안타 기록 역시 가지고 있다. 어린 시절 사고로 넷째 손가락과 새끼손가락이 붙어 장애를 가지고 있었음에도 불구하고, 우타자에서 좌타자로 전향하며 치열한 프로야구에서 성공을 거뒀다. 많은 유혹에도 끝까지 귀화하지 않고 한국인에 대한 차별을 견뎌내며 일본 프로야구사에 길이 빛날 기록을 만들었다.

스트라이드 연속 동작

악하면 스트라이드를 통해 타이밍을 조정할 수 있지만, 그 이후에 판단해야 한다면 앞무릎을 이용해 타이밍을 맞춰야 한다. 마지막으로 상체 회전의 초기 동작으로 타이밍을 맞출 수 있는 최후의 기회가 생긴다.

나는 2010년 당시 애리조나 스프링 캠프에서 매니 라미레스Manny Ramirez의 훈련 장면을 실제로 지켜보았던 적이 있다. 인상적이었던 것 중 하나는 라미레스가 기본적인 타격폼을 잡고 다리를 들었다가 짧게 스트라이드한 후 타격하는 동작을 반복하고 있는 모습이었다. 그는 본인만의 짧은 스트라이드와 순발력 있는 엉덩이 회전으로 메이저리그 투수들의 빠른 볼에 대처함으로써 최고의 타자 반열에 오를 수 있었다.

메이저리그의 현역 최장수 타격 코치로서 큰 명성을 얻고 있는 시카고 컵스의 루디 하라미요는 스트라이드할 때 앞다리를 스탠스 자리에 그대로 놓기보다는 한 족장(15~20센티미터 정도)을 벗어나지 않을 정도로 내딛는 것이 이상적이라고 여긴다. 스트라이드의 폭이 한 족장을 넘어서면 발을 앞으로 내딛는 만큼 공이 더 빠르게 느껴지고 체중과 중심선이 밑으로 떨어지게 되어 엉덩이 회전의 순발력이 떨어진다. 간혹 느린 공을 칠 때 자기도 모르게 스트라이드가 넓어지는 선수가 있는데, 이는 바람직하지 않다.

타격 시 배트 스피드는 빠르면 빠를수록 좋다. 흔히 배트 스피드를 히팅 포지션hitting position* 동작에서 '배트가 나오는 속도'라고 이해하는 경우가 많다. 그러나 실제로 배트 스피드는 스트라이드 → 무릎 회전 → 엉덩이 회전 → 상체 회전으로 이어지는 동작이 유기적으로 작용하는 것으로 보는 게 옳다. 국내 정상급 타자 중 한 명인 이대호 역시 스윙 자체는 빠르지 않다. 그럼에도 불구하

• 배트를 쥔 손이 포수 방향으로 이동하면서 스윙할 때 힘을 최대로 모아서 쓸 수 있는 자세

고 이대호가 좋은 성적을 내는 비결은 바로 스트라이드로 타이밍을 맞추는 과정을 완벽하게 수행하고 있기 때문이다. 이대호는 이 과정을 유기적으로 그리고 대단히 빠른 속도로 끝냄으로써 누구보다도 여유 있게 공을 칠 수 있다.

스트라이드할 때 주의할 점

스트라이드할 때 주의할 점 중 하나는 스탠스 자세의 중심선을 그대로 유지하면서 하체는 15~20센티미터 전진하고 상체는 보텀핸드 견각골이 볼을 받는 느낌으로 뒤로 유지되어야 한다는 것이다. 하체를 따라 상체가 앞으로 돌진하는

트라이앵글형
(정삼각형 같은 모양)

돌진형
(투수 쪽으로 쏠린 모양)

미리 뻗어지는 형
(앞다리가 미리 뻗어지는 모양)

느낌이 들어서는 안 되며, 스탠스 때와 마찬가지로 하체의 트라이앵글이 만들어져야 한다. 양 무릎은 편안하게 유연한 자세를 유지하고 있는 것이 좋다. 앞다리가 미리 펴지거나 앞발이 투수 쪽으로 너무 많이 나가는 것은 바람직하지 않다.

스트라이드 시 앞발은 지나치게 반 족 이상 오픈되거나 크로즈드되지 않아야 하고, 스퀘어 형태를 취하는 것이 이상적이다. 오픈 스탠스에서는 스퀘어로 스트라이드하거나 오픈을 유지하는 것이 가능하지만, 지나치게 오픈이 되면 바깥쪽 공의 대처에 무리가 따른다. 클로즈드 스탠스도 이와 마찬가지로 앞발을 오픈하면서 스퀘어 스탠스로 만들거나 약간 클로즈드되게 하는 것이 크게 무리가 없다. 그러나 앞발이 너무 깊게 클로즈드 스트라이드를 하면 몸쪽 공에 약점이 생긴다.

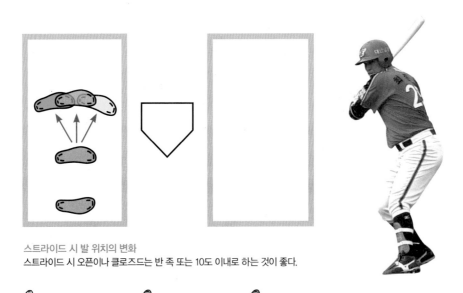

스트라이드 시 발 위치의 변화
스트라이드 시 오픈이나 클로즈드는 반 족 또는 10도 이내로 하는 것이 좋다.

클로즈드 스트라이드   스퀘어 스트라이드   오픈 스트라이드

뒤쪽 공간을 잘 만든 강민호
노브–허리–뒷발의 활모양 공간이 크다.

뒤쪽 공간을 잘 만들지 못한 최진행
노브–허리–뒷발의 활모양 공간이 작다. 엉덩이를 남기고
스트라이드하고 있다.

　　스트라이드 시 엉덩이는 체중과 함께 가운데나 앞쪽으로 옮겨놓아야 한다.
상체와 그립을 뒤에 그대로 유지하면서 엉덩이를 투수 쪽으로 옮기면 저절로
뒤쪽에 공간이 생겨 힘을 쓸 수 있는 자세가 된다. 이대호는 130킬로그램의 거
구를 잘 활용하여 체중을 뒷다리에 실었다가 앞으로 옮길 때 엉덩이도 함께 투
수 쪽으로 옮겨놓는다. 이대호가 가진 폭발적인 힘의 원천이 되는 것은 바로 엉
덩이의 사용이다.

Hitting Position

히팅 포지션

히팅 포지션 동작
....

타격을 배우자
이상적인 타격을 위한 기본 동작

히팅 포지션은 스트라이드를 하면서 앞발이 착지될 때의 상체 분리 동작을 말한다. 파워 포지션이나 테이크 백take-back과 병행해서 쓰이며, 일본에서 많이 사용하는 백 스윙back-swing도 같은 의미다. 이때 하체는 전진하는 반면 상체는 뒤쪽으로 분리가 일어난다. 이상적인 히팅 포지션은 스트라이드를 할 때 상체의 견갑골을 자연스러울 만큼만 뒤로 이동시키는 것이다.

강하게 치려는 생각에 보텀 핸드를 지나치게 뒤로 뻗어 인위적으로 히팅 포지션 동작을 크게 만들면 팔이 경직되어 스윙을 빠르게 할 수 없다. 또한 순발력이 떨어지고 몸쪽에 붙는 빠른 공에 약점이 생길 수도 있다. 이는 공의 구속이 빨라지고 컷 패스트볼cut fastball과 투심 패스트볼two seam fastball 등 구종이 다양해진 현대 야구에서는 바람직하지 않다.

2011년 홈런 타이틀을 차지한 최형우와 빼어난 타격을 선보인 이대호를 보면 히팅 포지션 때 보텀 핸드가 많이 뻗어져 있지 않음을 확인할 수 있다. 보통 분리 동작을 최대한 많이 가져가야 스윙의 아크가 커져서 힘을 실을 수 있다고 생각하기 쉽지만 분리 동작의 최대치를 10이라고 할 때 8 정도가 가장 적당하다.

히팅 포지션에서 이상적인 것은 어깨와 팔꿈치를 아래로 누르듯이 하여 올라가는 분리 동작이다. 이때 그립은 직선이 아니라 바나나 모양의 곡선을 그리면서 코킹cocking*이 이루어져야 한다. 그립이 팔과 함께 자연스럽게 약간 눌려져 올라가면서 바로 하체와 엉덩이 회전으로 연결될 때, 보텀 핸드의 팔꿈치가 몸에 가까이 붙고 톱 핸드의 겨드랑이가 조여지면서 나올 수 있는 자세가 만들어진다. 또한 상체도 들리지 않고 낮게 유지될 수 있으며, 분리 동작 시 끊어지는 현상도 일어나지 않는다. 자연스러운 자세로 타격을 하는 선수들은 대부분 이 원리를 이용하고 있다고 보면 된다.

코킹을 끝까지 잘 유지하고 있는 김동주

- 히팅 포지션에서 분리 동작이 이루어질 때 파워를 축적하기 위해 자연스럽게 손목이 꺾이는 모양. 코킹 유지 시간은 비거리에 막대한 영향을 미친다.

이상적인 히팅 포지션 자세   경직된 히팅 포지션 자세

지나치게 히팅 포지션 키우지 마라

최근 홈런 타자들은 히팅 포지션을 무리하게 키우지 않는다. 최근 현대 야구에서 투수의 빠른 볼 투구 능력과 높은 볼 투구 능력 향상, 그리고 빠르고 예리한 무빙과 몸쪽 투구 능력에 대처하기 위해 타자들이 빠르고 간결하게 컨택트 지역까지 나올 수 있는 포지션으로 자연스럽게 변화가 이루어지고 있다. 탑 핸드의 팔꿈치가 0 포지션* 이상 높게 들리지 않게 파워 포지션을 위치하게 한다. 또한 보톰 핸드가 지나치게 뻗어지는 것도 지양하고 있다.

빠른 볼에 대처할 수 있고 타구에 힘도 실어서 보낼 수 있는 포지션으로 변화하고 있다. 하체 포지션은 양발에 50 대 50의 밸런스로 편안히 서 있는 자세에서 바로 공격적으로 연결될 수 있도록 하며 상체 포지션은 어깨가 꼬이거나 팔이 풀려지는 자세가 아니라 편안한 기본 자세를 유지하며 보톰 핸드 견갑골로 볼을 받는 느낌으로 분리를 만들어 신속하고 빠르게 투구에 대처하게 한다. 예전과 같이 힘을 쓰기 위해 보톰 핸드를 뻗어주고 탑 핸드 팔꿈치를 0 포지션 이상으로 높게 들어서 스윙의 아크를 크게 만드는 것은 빠른 볼과 높은 볼, 그리고 몸쪽 예리한 볼에 약점을 노출하기 때문에 타자들이 선호하지 않는 것이 요즘의 추세다.

....

- 양팔의 평행성 높이

타격을 배우자
이상적인 타격을 위한 기본 동작

균형을 잘 갖춘 최정의 분리동작

양석환

Approach

어프로치

어프로치 연속 동작
· · · · · · · · · · · · · · · · · · · ·

타격을 배우자
이상적인 타격을 위한 기본 동작

바람직한 자세
뒷무릎이 안쪽으로 도는 모습

회전력이 떨어지는 자세
뒷다리가 바깥쪽으로 도는 모습. 다리 사이의 간격이
넓어지고 뒷다리가 팽팽히 펴지기 때문에 힘이 분산되어
스윙 스피드가 느려진다.

어프로치approach는 뒷다리의 무릎이 앞다리 안쪽으로 접근하면서 스윙이 처음 시작되는 동작을 말한다. 일반적으로 상체보다 뒤쪽 무릎을 먼저 스타트하는 것이 기본이며, 앞다리의 무릎은 뒤로, 뒷다리의 무릎은 앞으로 접근하고 교차되는 느낌이 들어야 한다. 양쪽 무릎의 사이가 멀어지면 엉덩이 회전 동작이 늦어지게 되므로 양 무릎이 가까워진 상태에서 빠르게 회전하는 것이 바람직하다.

Making Room for Turn

비켜 빼기

컨택트를 하기 위해 하체와 상체를 회전시키다 보면 앞다리의 대퇴가 뒷다리의 회전을 막는 경우가 있다. 이때 앞다리의 대퇴부와 허리를 바깥쪽으로 빼면서 뒷다리의 회전을 위한 공간을 만들어주는 것을 비켜 빼기라 한다.

물체의 질량과 회전력이 같다면 회전 반경이 큰 쪽은 돌기 어려워지고, 회전 반경이 작은 쪽은 돌기 쉬워진다. 앞다리가 바깥쪽으로 비켜주면서 앞무릎이 단단하게 펴지면, 회전 반경이 좁아지고 하체와 척추, 어깨선이 바나나처럼 휘어지면서 몸의 회전력이 높아져 빠른 스윙이 가능하다.

비켜 빼기 연속 동작

일반적인 오버핸드 투수가 마운드에서 던지는 공은 팔의 길이까지 더해져 2미터 이상의 높이에서 78센티미터 정도(스트라이크 존의 높이)로 내려오며 들어온다. 하강하는 공의 타격 면을 넓게 가져가기 위해서는 레벨 업level up* 형태의 스윙이 이루어져야 한다. 이때 톱 핸드의 팔꿈치를 V자로 만들고 배트를 몸 가까이 붙여서 상체를 회전시켜야 뒷스윙의 아크가 짧아지고 배트의 스위트 스폿을 빠르게 컨택트 존으로 가지고 나올 수 있다.

고개는 약간 안쪽으로 기울어지면서 몸의 전체적인 자세가 자연스럽게 휘어진 바나나 모양으로 만들어 눈과 공 사이의 거리를 가깝게 하면 공을 보다 정확히 볼 수 있고 스윙 밸런스도 자연스러워진다. 투구의 각도에 맞게 몸을 자연스럽게 회전하면 스윙의 길이가 길어져 약 10킬로미터의 구속 차이를 극복할 수 있다.

....

- 스윙이 그립의 높이에서 스트라이크 존에 맞추어 내려왔다가 지면에 수평을 이루면서 내려오는 공의 각도에 따라 올라가며 스윙이 이루어지는 것

타격을 배우자
이상적인 타격을 위한 기본 동작

팔을 V자로 잘 유지하는 이택근

Two Tense Motion

투 텐스

투 텐스two tense란 컨택트 직전에 이루어지는 동작으로 상·하체의 회전과 함께 보텀 핸드의 팔꿈치와 앞다리의 무릎이 펴지면서 단단해지는 것을 말한다. 보텀 핸드 쪽 팔과 투수 쪽으로 스트라이드된 다리가 브레이크 작용을 하면서 단단히 버텨주면 반대쪽인 톱 핸드와 상·하체의 회전을 가속시켜 줄 수 있다. 이처럼 보텀 핸드와 톱 핸드의 작용력이 반대 방향을 이루면서 힘을 가하는 것을 작용−반작용의 원리라고 한다. 이때 앞다리는 지렛대와 같은 역할을 하게 되며, 무릎에서 엉덩이와 허리를 거쳐 어깨로 진행되는 회전은 순차적이지만 거의 동시에 이루어져야 한다.

투 텐스 연속 동작
. . . .
앞무릎과 보텀 핸드의 팔꿈치가 펴진다.

스윙할 때 모든 힘의 원천은 이와 같은 파워 존 턴 동작에서 나온다고 보아야 한다. 특히 장거리 타자가 되려면 앞쪽 무릎을 SSC^{stretch-shortening}cycle*로 잘 사용하면서 자연스럽게 작용―반작용을 이용하여 스윙의 스피드를 최대화할 수 있어야 한다. 역학과 생리학 차원에서 볼 때 타격 시 발생하는 힘의 약 70퍼센트가 무릎에서 몸통 사이의 파워 존에서 나온다는 사실은 타격 시 대퇴근과 허리근의 사용이 얼마나 중요한지 알려주는 대목이다.

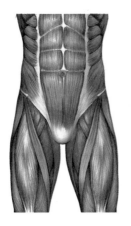 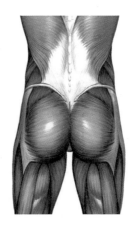

| 파워 존 |

타격은 발에서 무릎까지 15퍼센트 정도의 힘으로 스타트가 이루어지고 무릎에서 대퇴부까지 20퍼센트, 그리고 파워 존인 엉덩이와 코어 근육에서 40퍼센트 이상의 힘을 쓰게 된다. 이어서 상체의 어깨 견갑골과 팔, 손목에서 25퍼센트의 힘으로 스윙을 마무리한다. 따라서 팔과 손목은 15퍼센트 정도의 힘으로 배트 컨트롤의 역할만을 한다고 볼 수 있다.

강정호의 투 텐스 동작

타격 시 신체 부위별 힘의 강도

■ 40% ■ 25% ■ 20% ■ 15%

....

* 짧은 시간 동안 근육의 수축과 이완을 이용해 운동 효과를 극대화시키는 것

이상적인 코킹 라인

풀린 코킹 라인

하체의 체중은 앞쪽 무릎으로 옮겨졌다가 양 무릎 사이의 회전축으로 이동하고, 그립은 뒤쪽 어깨 부분에서 톱 핸드 쪽 견갑골과 함께 앞무릎의 앞쪽으로 빠져나온다. 이때 앞쪽 무릎과 골반이 자연스럽게 비켜 빼기가 되면서 회전이 이루어지고, 상체와 그립은 코킹을 그대로 유지하면서 나온다.

톱 핸드 쪽 견갑골의 회전이 이루어지면서 앞으로 빠져나와야(견갑골이 투수 쪽을 향해야) 인사이드−아웃 스윙inside-out swing*을 할 수 있게 되고 스윙의 폭

톱 핸드 쪽 팔꿈치를 조이듯이 V자로 유지하면서 들어오는 자세

도 늘어난다. 만약 견갑골을 사용하지 못하고 손목 코킹이 미리 풀리면 보텀 핸
드 쪽 어깨가 열리면서 아웃사이드 스윙이 되어 스윙의 폭이 좁아지고 파워가
떨어지므로 항상 체크를 해야 한다.

....

• 타격 시 톱 핸드의 팔을 V자로 만들어 몸쪽에 붙이고 코킹을 유지하면서 L자로 컨택트하는 스윙

Speed

타구 스피드

타자들은 누구나 빠른 스윙을 원한다. 하지만 타구를 빠르게 보내기 위한 작업은 생각처럼 쉽지가 않다. 타고난 선천적인 부분과 후천적인 노력이 필요한 부분이 있다. 선천적인 부분은 골격과 파워, 유연성 그리고 스포츠 비전인 우세안을 들 수 있다. 후천적인 교육 부분은 근력 단련과 스윙의 메커니즘, 그리고 연습과 끝없는 도전정신이다. 여기에서 다루고 싶은 것은 후천적인 교육 부분이다. 심정수의 시즌 53개의 홈런을 지켜보았고 박경완의 한 게임 4연타석 홈런도 지켜보았다. 심정수는 33인치 840그램의 가벼운 배트를 사용하면서 배트 스피드를 순간적으로 최대화시켜 많은 홈런을 친 선수다. 박경완은 33.5인치 880그램의 배트를 약간 짧게 잡고 간결한 스윙으로 홈런왕을 차지하는 영예를 안았다.

지금까지 홈런 타이틀을 차지한 대부분의 선수는 너무 웅크리거나 노 스텝을 사용하는 유형의 타자들은 없었던 것 같다. 대부분이 한 족 정도의 스트라이드를 이용한 타자들이었다. 타자들은 스트라이크 존을 통과하는 볼만 쳐도

김재환   김주찬

되기 때문에 전형화된 타격 기본기를 자신에 맞게 잘 습득하여 타격에 임한다
면 좋은 결과로 이어질 것이라 본다.

　　타자들은 최적화된 체중이동과 무산소적인 회전력을 이용한 간결한 스윙
을 습득해야 되겠다.

타구 스피드를 빠르게 하기 위한 방법

2015년부터 메이저리그와 최근 KBO리그에서 스탯캐스트 장비를 사용하여 많은 데이터와 기록을 실시간으로 제공해주기 시작했다.

또한 팀이나 선수도 이런 데이터를 활용하는 과학적인 방법으로 자신의 스윙을 분석하고 생산성이 높은 타자로 변화와 도전을 시도하는 것이 요즘 트렌드가 되고 있다. 실제로 2017년 KBO리그에서 팀 평균 타구 스피드가 우수한 기아(129km)와 두산(131.1km)이 페넌트레이스에서 1위와 2위를 기록한 것이 우연이 아님을 증명했다.

타구 스피드를 빠르게 하기 위해 몇 가지 방안을 제시해본다.

① 자기 볼을 쳐야 빠른 타구를 보낼 수 있다.

빠른 타구를 보내기 위해서는 좋은 볼을 얻어야 한다.

김하성

KBO리그의 심판들이 선호한 스트라이크 존을 분석한 결과 원형에 가까운 투구를 선호했던 것을 알 수 있다. 스트라이크 존의 중간 높은 볼을 얻어서 타격하는 것이 타구 스피드와 타구 각도를 좋게 만든다.

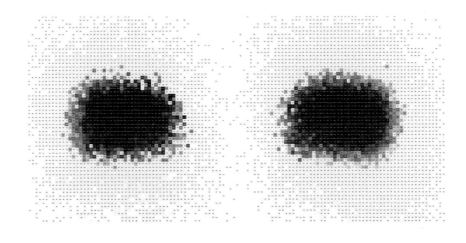

② 똑같은 스팟 지점과 똑같은 힘의 분포로 컨택트되었을 때 홈 플레이트 앞에서 맞으면 타구 속도가 빠르게 되고 뒤쪽에서 맞으면 그만큼 타구 스피드가 늦게 된다.

구자욱

또한 종속이 조금이라도 빠른 지점에서 맞는 것이 반발계수를 그만큼 더 높일 수가 있다는 것이다.

박민우

③ 플러스 타구 각도를 만들어라.

플러스 타구는 평균 타구 스피드가 133.9km를 기록했고 마이너스 타구는 115.2km를 기록했다. 평균 타구 스피드가 최상위인 최형우(136.8km), 김재환(137.6km)이 리그를 대표하는 타자들이란 것을 말해주듯이 타구 스피드를 빠르게 하기 위해서는 플러스 타구를 많이 칠 수 있어야 한다.

최형우

④ 스윙의 기본 메커니즘이 좋아야 한다.

조용한 스트라이드와 균형 잡힌 밸런스의 체중이동과 간결하고 폭발적인 회전력을 동반하는 파워와 눈과 손의 협응력이 필요한 빠른 배트 컨트롤이 요구되며, 스팟 부분에 일관성 있는 컨택트 능력과 타구 방향성 또한 좋아야 한다.

2017년도 KBO리그 인플레이 타구 Top 20

순위	선수명	평균 타구 속도	평균 발사각
1	김재환	137.7	16
2	최형우	136.9	15.9
3	스크럭스	136.7	15.6
4	러프	136.6	16
5	최정	136.4	26
6	에반스	135.9	18.8
7	오재일	135.5	20.7
8	박건우	134.6	11.1
9	이대호	134.1	19.1
10	로사리오	133.9	13.2
11	안치홍	133	16.7
12	이범호	132.8	20.1
13	전준우	132.4	12.1
14	나성범	132.4	12.8
15	최준석	132	11
16	이승엽	131.9	20.7
17	박경수	131.7	16.5
18	강민호	131.6	12.8
19	김주찬	131.6	13.9
20	민병헌	131.5	14.2

• 스포츠 투아이 제공

최형우

Contact

컨택트

타격 시 몸을 회전시키면 원심력 때문에 배트가 달아나는 느낌이 든다. 이때 앞다리와 보텀 핸드를 단단하게 만들어 톱 핸드 쪽에 힘을 가하면 배트의 스피드가 상승하고 파워도 최대화할 수 있다. 컨택트 시 보텀 핸드의 손등과 톱 핸드의 손바닥은 하늘을 향해야 한다.

또한 보텀 핸드의 팔은 펴고 톱 핸드의 팔은 L자로 구부려서 몸과 배트의 각도를 대략 90도로 만든다. 컨택트 존은 앞무릎 앞쪽, 즉 홈 플레이트 30센티미터 전방에 형성되는 것이 가장 바람직하며, 앞발을 디딘 위치와 배트의 컨택트 지점을 수직으로 일직선상에 놓이게 하는 것도 무방하다.

컨택트 연속 동작

투구와의 대결에서 최대한 힘을 발휘하기 위해서는 하체와 엉덩이, 코어 근육을 사용해야 한다. 상체가 스테이 백 라인을 구축하면 배트 헤드는 가속을 받아 타구를 더 빠르고 멀리 보낼 수 있다. 손목은 꺾이지 않도록 그대로 유지하고, 앞발로는 단단하게 지면을 눌러 지면 반력을 이용할 수 있도록 한다. 징이 달린 스파이크를 착용하면 지면 마찰을 높여줄 수 있다.

컨택트 시 뒷다리의 발끝이 순간적으로 지면에서 1~2센티미터 정도 뜨면 체중을 앞다리에 완벽하게 전달해 타구를 실어 보냈다는 증거가 된다. 또한 뒷다리의 무릎은 90도에 가깝게 구부러져야 한다.

이때 고개는 고정한다. 만약 고개가 돌아가 버리거나 끝까지 따라 들어오면 공의 궤적을 잃어버리고, '늦은 명령'을 내릴 수 있어 나쁜 공에 손이 나가게 된다. 공을 끝까지 본다는 것은 공을 따라 자연스럽게 고개를 숙이면서 컨택트 존을 집중력 있게 끝까지 본다는 의미다.

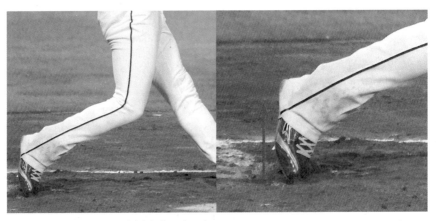

컨택트 시 발끝이 지면에서 1~2센티미터 정도 뜨는 모습.

뒤쪽 발끝이 떴다가 착지하는 모습

컨택트 존을 활용하는 방법

그림을 통해 우타자를 기준으로 컨택트가 이루어지는 지점에 대해 설명해보자. A존은 전술적으로 팀 배팅을 하거나 밀어칠 때 유용한 존으로, 배트 헤드를 포수 쪽으로 하여 뒤쪽에서 컨택트하게 된다. B존은 타율이 높은 타자들이 선호하는 존으로 홈 플레이트 앞쪽에서 90도 각도로 컨택트하여 투수와 센터 라인 방향으로 타구를 보낼 수 있다.

C존은 장거리 타자들이 선호하는 존으로 배트의 각도가 90도를 지나 꺾여 들어가면서 스윙의 힘으로 투구를 이겨낼 수 있는 존이다. 앞쪽에서 컨택트해야 하기 때문에 유인구에 속을 확률이 높지만 공을 멀리 보내는 홈런 타자들에게는 가장 유용한 존이다. 반대로 좌타자들은 밀어칠 때 A존을 사용하고, 팀 배팅team batting*을 위해 우측으로 타구를 보내야 할 때는 C존을 활용할 수 있다.

타자에게 가장 이상적인 것은 B존이지만, 좋은 타자라면 상황에 따라 컨택트 존을 자유롭게 조절할 수 있어야 한다. 컨택트 존을 넓게 이용할 수 있는 유연성을 가진 타자는 중요할 때 클러치 능력을 보여주는 반면, 좁은 컨택트 존밖에 이용하지 못하는 타자는 정확성이 떨어지고 중요한 찬스 때 범타로 물러날 확률이 높다.

- 노 아웃 2루 또는 2·3루 상황일 때 선행주자를 진루시키는 타격. 후속 타자의 안타 없이 희생타나 땅볼로도 득점이 가능한 상황을 만들어준다. 노 아웃 1루에서 희생번트나 땅볼 타구로 2루에 진루시키는 것은 후속 타자의 안타가 있어야 득점이 가능하기 때문에 엄밀히 말해 여기서 말하는 팀 배팅이라고 할 수 없다.

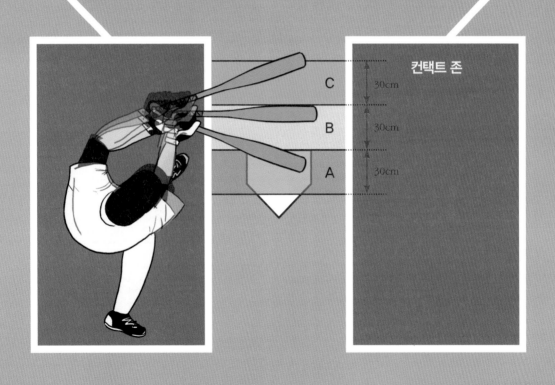

컨택트 존

C

30cm

B

30cm

A

30cm

Launch Angle

발사각도

이상적인 타구 각도를 위하여

최근 스탯캐스트의 영향을 받은 정밀한 분석과 정확한 데이터가 타격에 많은 변화를 가져오고 있다. 또한 투수의 투구 능력 향상에 따른 구속 증가와 구종의 변화에 대응하기 위한 타격 스타일 역시 유행이 바뀌고 있다.

메이저리그 타자들이 OPS(출루율+장타율)를 높이기 위해 공을 띄워서 보내는 이상적인 자신의 타구 각도를 찾기 위해 집중하고 있다. 실제로 데이터를 분석해보니 OPS가 좋은 타자들의 타구 각도는 20~35도 사이의 타구가 높은 타율과 장타율을 보인 결과가 나왔다.

타격을 배우자
이상적인 타격을 위한 기본 동작

김재환

타구 각도를 이상적으로 만들기 위한 방안을 제시해본다.

① 좋은 볼을 얻어야 한다.
- 높은 스트라이크 존 19.5도
- 중간 높이 스트라이크 존 12.7도
- 낮은 스트라이크 존 6.0도

가운데 높은 스트라이크 볼을 얻어서 치는 것이 타구 각도를 좋게 가져가는 방법이다.

② 앞쪽에서 일정하게 스판 부분에 컨택트하는 것이다.

③ 레벨 업 스윙

④ 공을 띄우기 위해 상체 포지션이 뒤쪽으로 젖혀지는 0~15 비하인드 포지션이 필요하다.

이는 라인드라이브성 타구를 노려야 한다는 전통적인 관점에 배치된다. 그래서 플라이볼 혁명이라는 새로운 트렌드가 생기게 되었다. 데이터 활용에 능하고 도전을 즐기는 구단과 선수들이 이를 받아들이기 시작했다. 스윙의 메커니즘에 변화를 주어 의도적으로 공을 띄우고 있다.

그 결과 공을 내리찍는 촙다운Chop Down 스윙이나 레벨 스윙 대신 레벨업 스윙의 중요성이 부각되고 있다. 새로운 타격 이론을 뒷받침하는 훈련 방법이 잇달아 나오고 있다. 변화의 본질은 아무리 강한 타구라도 띄우지 못하면 단타에 그친다는 상식 위에 있다.

최형우

이대호

이에 따라 타구 발사각도에 대해 코치, 타자들이 관심을 나타내기 시작했다. 홈런에 필요한 최소 타구속도는 시속 155킬로미터 정도다. 가장 비거리가 커지는 각도는 35도 정도로 맞아서 넘어가는 홈런이다. 시속 160킬로미터 이상 타구는 20~35도 각도로 날아갈 때 가장 높은 OPS를 기록했다. 시속 160킬로미터 이하 타구는 띄워도 넘어가는 확률이 떨어진다. 이 타구는 20~35도 각도에서 오히려 OPS가 낮아졌다.

타격을 배우자
이상적인 타격을 위한 기본 동작

시속 160킬로미터 이하 타구가 가장 이상적인 발사각은 7~15도 정도다. KBO리그 투구 추적 시스템을 집계하는 스포츠투아이의 데이터를 활용하여 투구를 분석한 결과 패스트볼(직구)은 평균 13.1센티미터 정도로 하강하고 변화구인 슬라이더는 22.68센티미터, 체인지업은 22.69센티미터, 포크볼은 21.7센티미터, 커브볼은 36.42센티미터 정도로 하강한다.

타자들은 투구의 하강 각도에 따라 스윙이 올라가는 각도를 유지해야 컨택트의 면적도 넓어지고 정확성과 비거리를 확보할 수 있다. 타구 각도를 띄우기 위해 스윙을 업ᴘ시키고 볼의 20센티미터 밑 부분을 때리는 것이 아니라 볼의 하강 궤적에 맞게 정확하게 볼을 때릴 수 있는 스윙의 궤적을 만들어야 한다. 박병호의 티라노 타법도 몸쪽 어려운 볼을 완벽하게 올려 치는 테크닉이라고 할 수 있다.

발사각도가 좋아지는 스윙 궤적, 타구 방향성, 넓은 컨택트 지역을 커버하기 위해 필요한 연습 방법을 살펴보자.

발사각도가 좋아지는 환경 설계

78cm 높이 티(T)대 설치, 150cm에 목표물 타깃 설치, 타깃 높이 100~105cm 설치

- 스윙의 기본 메커니즘 습득
- 타구의 방향성 습득
- 생산성 높은 타구 발사각도 습득
- 컨택트 앵글 습득
- 타구 스피드 향상

심판들의 평균 스트라이크 존 높이인 78cm에 티대를 설치하여 타자들이 자연스럽게 스트라이크 존을 익히며 가장 좋은 컨택트 환경을 설계한다. 목표물 타깃은 150cm 떨어진 지점에 100cm 높이에 설치해 타구 발사각도를 생산성이 높게 만들 수 있게 설계한다.

이 연습 방법은 선수들이 스스로 스킬 연마를 할 수 있는 환경을 만들어주고 선수들이 메커니즘이 아닌 의도를 알 수 있게 만들어주는 방법이다.

심판들의 가장 선호하는 스트라이크 존 높이 컨택트와 짧은 거리의(150cm) 목표물인 타깃(100cm)을 향해 타격을 하면서 자동적으로 타격 메커니즘과 발사각도 타구 방향성을 좋게 만들어주는 의도를 알 수 있게 설계해놓은 연습 방법이다.

니콜라이 번스타인 이론에 의하면 사람의 몸은 하려는 일이나 목적에 맞게 스스로 조직하는 능력이 있다는 것에 맞추어 설계한 것이다.

박용택

나성범

타격을 배우자
이상적인 타격을 위한 기본 동작

김주찬

Release

릴리스

투 텐스는 릴리스 동작에서도 그대로 유지되어야 한다. 컨택트 시 보텀 핸드는 단단하게 눌러주는 느낌이 들 정도로 버텨주면서 회외운동回外運動*을 하고, 톱 핸드는 L자 형으로 전진해 들어오면서 강력한 추진력을 발휘하며 회내운동回內運動**을 일으킨다.

보텀 핸드는 제자리에서 단단해지는 반면, 톱 핸드는 몸통과 어깨 회전으로 인해 전진해 들어오게 되므로 양 어깨와 배트 끝을 꼭지점으로 하는 트라이앵글이 만들어진다. 이때 견갑골이 자연스럽게 같이 회전하면서 앞으로 빠져나가면 최상의 릴리스 동작으로 이어져 공을 끝까지 보낼 수 있는 유연성을 확보할 수 있고 스윙의 궤적도 길어진다.

....

- 보텀 핸드의 손등이 하늘을 향하게 하고 눌리듯이 버텨주면서 바깥쪽으로 회전하는 동작
- 톱 핸드의 손바닥이 하늘을 향하게 하고 앞으로 뻗으면서 안쪽으로 회전하는 동작

릴리스 연속 동작

152
153

스윙 궤적이 짧은 타자들은 대부분 손목을 많이 사용하고 팔과 상체 위주의 타격을 한다. 그렇게 되면 스윙에 힘을 실을 수 없고, 준비 동작도 늦어져 오히려 타이밍을 놓치는 경우가 많아진다. 반면 스윙 궤적이 긴 타자들은 하체를 충분히 활용하면서 순차적으로 상체와 팔을 이용하는 시간적 여유를 가질 수 있다.

앞서 살펴본 것처럼 앞무릎과 보텀 핸드의 팔꿈치를 투 텐스 상태로 만들어 손목을 사용하지 않고 팔을 쭉 뻗어서 치면 컨택트할 수 있는 범위가 넓어지고 준비 동작에 여유가 생긴다. 따라서 공에 대한 판단 시간을 늘릴 수 있고, 하체를 충분히 사용한 엉덩이 회전으로 타구에 힘을 실어 보낼 수 있다. 컨택트부터 릴리스까지의 동작은 모든 체중이 배트에 전달되는 스윙의 최고 하이라이트다.

양 어깨와 배트 끝을 꼭지점으로 하는 상체 트라이앵글

Follow Through

팔로 스루

마무리 스윙을 할 때 인위적으로 끝까지 힘을 들이거나 손목을 추가로 사용하면 전체적인 스윙의 폭이 좁아지고 힘의 방향이 횡으로 돌기 때문에 잘 맞은 타구보다 땅볼 타구가 나올 확률이 높아진다. 마무리 스윙은 컨택트와 릴리스의 힘을 그대로 유지한다는 느낌으로 자연스럽게 끝까지 연결하는 것이 원칙이다.

　간혹 컨택트형 타자의 경우 짧은 라인 드라이브 타구를 위해 처음부터 스윙을 빠르게 시작하여 피니시 동작을 낮게 하기도 한다. 그러나 배트의 스윙은 서서히 시작되었다가 컨택트부터 릴리스까지의 구간에서 가장 빨라지게 하는 것이 바람직하다.

팔로 스루 연속 동작

배트를 처음부터 끝까지 일정한 속도로 휘두르면 컨택트할 때 힘을 다 실을 수 없어 힘을 쓰는 분포도가 나빠진다. 모든 힘은 컨택트와 릴리스 때 다 쓸 수 있어야 하고 손목이 꺾여서는 안 된다. 그래야만 팔로 스루를 할 때 팔을 뻗어 자연스럽게 하이 피니시로 스윙을 마칠 수 있다.

마무리 스윙을 할 때는 흔히 양손으로 끝까지 스윙을 하는 것이 공을 더 강하게 멀리 보낼 수 있을 것이라고 착각하기 쉽다. 하지만 실제로는 양손으로 끝까지 릴리스를 해준 후 자연스럽게 원 핸드 스윙을 하는 것이 스윙 궤적과 스피드를 그대로 유지할 수 있다.

양손으로 배트를 끝까지 잡고 있으면 톱 핸드가 스윙의 아크를 방해해 스윙 폭이 줄어들고 스피드도 10퍼센트 정도 줄어든다는 분석이 있다. 그러나 굳이 양손으로 마무리하는 것이 편하다면 그렇게 해도 무방하다. 양손으로 스윙을 끝낼 때는 톱 핸드를 쭉 뻗고 보텀 핸드를 구부려주면 스윙의 궤적과 스피드를 보존할 수 있다.

이대호의 피니시 동작

이대호 타격 연속 동작(측면)

타격을 배우자
이상적인 타격을 위한 기본 동작

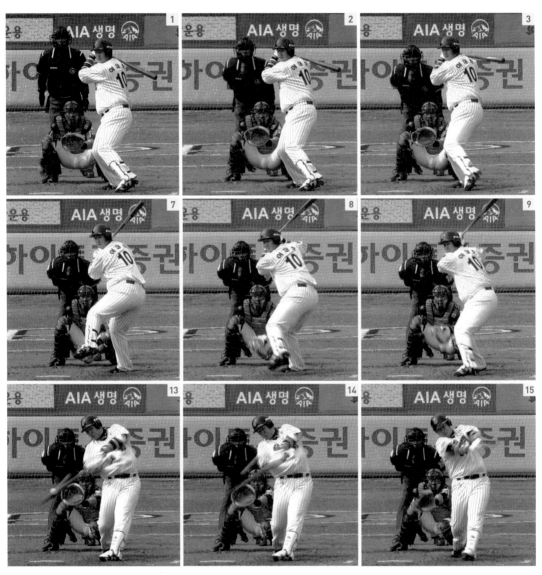

이대호 타격 연속 동작(정면)

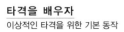

타격을 배우자
이상적인 타격을 위한 기본 동작

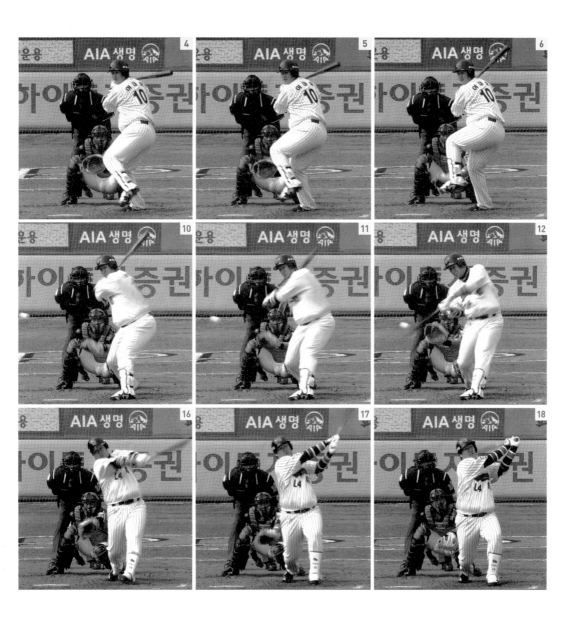

용달매직,
타격의 대가를 만나다

로스앤젤레스 서북쪽 노스리지라는 곳에서 '볼야드'라는 야구 클리닉을 운영하고 있는 덕 래타Doug Latta 코치의 타격 이론은 세 가지로 구성되어 있다.

첫 번째, 그립의 높이를 뒤쪽 어깨 부분에 낮게 유지하고 편안하게 들고 있는 자세를 말한다. 두 번째로 하체의 밸런스 유지다. 스탠스 자세에서 양발에 50 대 50의 균형을 가지고 바로 투수를 향하여 스트라이드를 한다. 대부분의 타자들이 스트라이드를 하기 위해 뒷다리에 체중을 옮겼다가 앞으로 체중을 이동시키는 데 반해 덕 래타 코치는 바로 앞쪽으로 스트라이드를 하게 한다. 세 번째로 홈 플레이트 앞 컨택트 시 손 라인을 원한다. 손 라인은 앞다리 앞 컨택트 지점에서 스윙의 방향성이 투수를 향하는 스윙 궤적을 요구한다. 덕 래터 코치 이론은 아주 참신하고 간결하다. 많은 연구와 레슨, 경험에서 터득한 이론이다. 타격의 대가들은 많은 영상 분석을 통해 뒤쪽을 강조하기보다는 투구를 앞쪽에서 처리하는 타격 이론을 선호하고 있다. 덕 래타 코치도 《3할의 예술The Art of

Hitting .300》의 찰리 로Charley Lau와 마찬가지로 홈 플레이트 앞쪽에서 컨택트하는 자신의 타격 이론에 확신을 갖는 것 같다. 하지만 많은 현장 지도자의 욕심과 필요 이상의 타격 자세 변화를 주는 것이 선수들을 힘들게 한다. 덕 래타는 찰리 로와 마찬가지로 불필요한 동작을 강조하기보다 현대 투구 스타일에 맞는 간결한 타격을 요구하고 있다.

김용달 / 덕 레타

번트,
스텝과 타이밍

What is bunt?

번트란
무엇인가?

정근우의 번트 연속 동작

타격을 배우자
번트, 스텝과 타이밍

번트는 전략상 중요한 야구의 한 부분이다. 특히 1점차 승부에서 나오는 희생번트는 주자를 진루시키고 상대 수비수들에게 큰 부담을 준다. 좋은 타자라면 번트를 어떻게 무기로 사용할 것인지 알고 있어야 한다.

번트도 타격과 마찬가지로 스텝으로 타이밍을 맞추는 것이 중요하다. 자칫하면 첫 스텝의 준비가 늦어져 번트에 어려움을 겪을 수 있으므로 배트에만 의존하기보다 무릎과 상체를 부드럽게 사용해 배트를 높은 스트라이크 존에 맞추고 투수 쪽으로 몸을 열어 자세를 취해야 한다. 낮은 코스의 스트라이크일 경우에는 무릎을 유연하게 사용해서 배트의 위치를 조절하는 것이 좋다.

번트를 할 때는 배트를 눈과 어깨 사이에 두고 앞다리 앞쪽에서 컨택트해야 성공 확률을 높일 수 있다. 컨택트 시 톱 핸드는 손 부상을 방지하기 위해 배트의 마크 부분을 권총 모양으로 잡는 것을 기본으로 습관화해야 하며, 보텀 핸드로 손잡이 부분을 짧게 잡는다. 이때 보텀 핸드의 손목은 꺾이거나 들리지 않게 유지해야 한다. 우타자를 기준으로 번트 타구를 1루 쪽으로 보낼 때는 배트 헤드의 각도를 3루 라인에 맞추고, 3루 쪽으로 보낼 때는 1루 라인에 맞추는 것이 원칙이다. 좌타자는 우타자와 반대로 생각하면 된다.

손목이나 팔꿈치가 들리지 않도록 한다.

희생번트로 타구를 죽일 때

번트 안타로 타구를 강하게 보낼 때

번트 시 배트 잡는 법과 번트 타구를 맞히는 위치

All Kinds of Bunts

번트의 종류

타격을 배우자
번트, 스텝과 타이밍

희생번트

타자들이 가장 부담을 느끼는 번트다. 희생번트의 목적은 말 그대로 자신을 희생하면서 선행 주자를 진루시키는 것이기 때문에 성공해도 빛이 나지 않고 실패하면 모든 비난을 받게 된다.

번트 안타

타격 자세를 취하고 있다가 상대 수비가 방심하는 틈을 이용해 기습적으로 번트를 대는 것을 말한다. 기습 번트sudden bunt는 매우 적극적인 공격으로 상대를 당황하게 만들어 대미지를 줄 수 있다. 그러나 상대 수비가 타자의 의도를 미리 예측하고 있을 때는 성공하기 쉽지 않다.

스퀴즈 번트 Squeeze Bunt

주자가 3루나 1·3루, 만루에 있는 상황에서 노 아웃이나 원 아웃 상태일 때 시도하는 것으로 말 그대로 짜내기 번트다. 주로 1점차 승부에서 타자의 득점 확률이 떨어진다고 생각될 때 시도한다. 스퀴즈 번트에는 런 앤드 히트run and hit처럼 주자가 먼저 스타트를 한 후에 번트를 대는 수어사이드suicide 스퀴즈 번트와 스트라이크 존 근방의 좋은 공을 골라서 기습적으로 하는 세이프티safety 스퀴즈 번트가 있다.

페이크 번트 fake bunt

번트 자세를 취하고 있다가 타격 자세로 전환하는 것을 말한다. 상대가 번트 타구에 대비해 선행 주자를 아웃시키기 위한 수비 시프트*를 할 때 이를 역으로 이용하여 공격하는 방법이다. 노 아웃 주자 1·2루나 2루 상황에서 상대 팀이 100퍼센트 번트에 대비한 수비 포메이션formation을 취할 때 성공률이 높아 자주 이용된다.

....

● 경기 상황과 상대의 작전 및 수비 데이터 분석에 의해 기본적인 수비 위치에서 확률이 높은 쪽으로 옮겨서 수비하는 전략

타격을 배우자
번트, 스텝과 타이밍

번트 안타를
노리는 상황

우타자의 경우

● 3루 쪽 기습 번트

3루수가 정상적인 위치보다 뒤쪽에 있다고 판단되거나 투수가 번트 수비에 능숙하지 못한 경우에 주로 시도된다. 또 상대 투수의 컨디션이 좋아서 타선이 끌려가고 있을 때 투수의 심리 상태와 밸런스를 무너뜨리기 위해 사용되기도 한다. 일정하게 투구를 하던 투수가 갑자기 번트 타구를 처리해야 하는 상황이 발생하면 좋았던 밸런스가 무너질 수 있다. 1루 쪽 번트도 상황은 흡사하나 성공 확률이 낮아 자주 시도되지는 않는다.

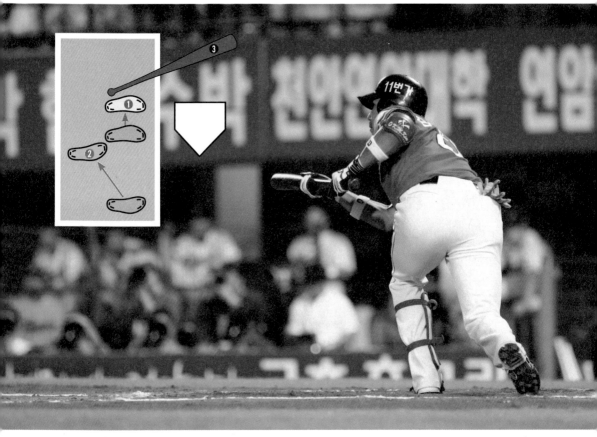

우타자가 3루 방향으로 번트하는 모습: 김강민

3루 쪽으로 번트를 댈 때는 앞발을 정상적으로 스트라이드하면서 뒷발을 뒤로 뺀다. 상체를 투수와 유격수 쪽으로 열면서 배트 헤드의 각도를 1루 라인과 동일하게 유지하고 3루 쪽으로 컨택트한다. 이때 타구는 3루수, 투수, 포수의 중간 지점인 삼각지역에 멈출 수 있도록 조절해야 한다.

우타자가 1루 방향으로 번트하는 모습: 김태완

1루 쪽 역시 앞발을 스트라이드하면서 상체를 투수와 정면으로 만든다. 뒷발을 앞발에 가까이 스치듯 좁혔다가 2루수 방향으로 스텝을 나가며 상체를 투수와 2루수 쪽으로 향하게 하고 컨택트한다. 이때 타구는 투수와 1루수 사이를 통과하여 내야 잔디 끝 정도에 멈추게 하는 것이 적당하다.

좌타자의 경우

좌타자는 1루 베이스와의 거리가 가깝기 때문에 우타자에 비해 다양한 작전의 수행이 가능하다.

● 3루 쪽 삼각지역으로 굴리는 번트
타자의 주력이 빠른 경우 대부분의 3루수는 약간 전진 수비를 하면서 미리 번트 타구에 대비한다. 이때 전진 수비로 방심한 3루수의 심리를 이용하여 투수와 포수, 3루수가 모두 잡기 애매한 삼각지역으로 타구를 보내면 성공 확률이 높아진다. 또한 장거리 타자인 경우 3루수가 수비 위치를 뒤쪽으로 옮겼을 때 이 방법을 사용하는 것도 좋은 전술이다.

● 3루 쪽 푸시 번트
팀에서 발이 가장 빠른 타자가 할 수 있는 번트로 3루수 키를 넘기는 번트다. 상대 수비에게 기습 번트를 댈 것이라는 낌새를 풍기면서 미리 번트 모션을 취하면 3루수가 번트를 처리하기 위해 앞으로 뛰어 들어온다. 이때 3루수의 옆이나 머리 위쪽으로 푸시 번트를 댄다. 배트의 끝보다는 스폿 부위로 컨택트를 시도해야 한다.

● 1루 쪽 푸시 번트
투수를 지나 2루수와 1루수가 나와서 잡을 수 있을 정도의 번트다. 조금 강하게 컨택트하여 번트 타구가 노 바운드로 투수 마운드 오른쪽에 형성되는 것이 완벽하다. 2루수가 전진해서 수비하기도 애매하고 1루수가 처리할 경우 1루 베이스가 비는 상황을 만들어 투수와 1루수가 서로 타구를 처리해야겠다는 생각이 들도록 상대를 우물쭈물하게 만들어야 한다. 이때 컨택트는 배트의 스폿 부위로 하는 것이 원칙이다. 그러나 상대 팀이 전진 수비를 할 때는 성공 확률이 떨어질 수 있다.

● 1루 선상으로 타구를 약하게 보내는 번트

흔치 않은 기법으로 1루 선상에 번트 타구를 죽여서 댄 후 타자가 그 타구를 안고 뛰어가는 느낌의 번트다. 포수가 따라 나오면서 타구를 처리하기에는 멀고, 1루수가 처리하기에는 타자 주자보다 늦어지게 된다. 그리고 투수가 급하게 내려오면서 처리하면 하체의 밸런스가 흐트러지고 1루 선상을 넘어오기 때문에 1루에 송구하기가 거북하여 성공 확률이 높은 까다로운 타구다. 이때 타자는 배트의 끝부분으로 컨택트를 해야 한다.

좌타자가 3루 방향으로 번트하는 모습: 서동욱

3루 쪽으로 기습번트를 댈 때는 양발을 오픈시키는 것이 편리하고 번트를 대는 각도도 좋아진다. 뒷발을 앞발보다 약간 뒤에 두고 상체를 투수와 유격수 쪽으로 향하게 한다. 컨택트는 약하게 배트 끝으로 컨택트하고 높낮이는 무릎으로 조절해야 한다.

타격을 배우자
번트, 스텝과 타이밍

좌타자가 1루 방향으로 번트하는 모습: 이대형

    1루 쪽 푸시 번트는 스트라이드할 때 앞발을 투수 쪽으로 열고 뒷발을 들면서 약간의 체공 시간을 가지고 타이밍을 맞출 수 있어야 한다. 배트 헤드를 톱 핸드의 어깨 부분에 두고 있다가 뒷발이 앞발을 교차하여 앞으로 나가면서 상체를 투수와 2루수 쪽으로 향하게 하고 왼쪽 어깨로 밀고 나가듯이 번트를 댄다.

Bunting Situations

상황별 번트

타격을 배우자
번트, 스텝과 타이밍

노 아웃, 주자 1루 상황

주자가 1루에 있을 때는 가능한 한 번트 타구를 1루수가 잡을 수 있게 하는 것이 기본이다. 1루수가 공을 잡으려고 홈 플레이트 쪽으로 전진해 들어오면 이미 2루로 출발한 주자를 아웃시키기 어려운 상황이 된다. 따라서 2루로의 송구는 거의 이루어지지 않기 때문에 주자를 안전하게 2루로 보낼 수 있다.

노 아웃, 주자 1루 상황
→ 야수 진행 방향
⬮ 낙구 지점

이때 번트는 기본적으로 양발을 앞으로 열고 하거나, 타격 자세에서 앞발 스텝과 동시에 몸을 투수와 2루수 쪽으로 열고 시도하는 경우가 있다. 그리고 스탠스 자세에서 바로 턴을 해서 하기도 한다. 배트의 각도는 3루 라인을 기준으로 유지하고, 컨택트 시 배트 헤드가 떨어지면 타구가 뜰 확률이 있으므로 배트를 수평으로 유지하는 것이 기본이다.

그러나 타석에 들어서자마자 미리 번트 자세를 취하고 있을 필요는 없다. 이는 상대에게 작전을 노출시키는 것과 마찬가지이므로 성공 확률을 떨어뜨린다. 게다가 노 아웃, 주자 1루 상황에서는 수비 위치의 이동이 거의 없어 페이크 번트로 전환하는 것도 쉽지 않다. 따라서 타격 자세를 취하고 있다가 투수가 다리를 앞으로 내딛는 순간에 번트 동작을 취하는 것이 작전의 성공 확률을 높일 수 있다.

노 아웃, 주자 2루 또는 1·2루 상황

노 아웃, 주자 2루
또는 1·2루 상황

주자가 2루에 있을 때는 3루수가 3루 베이스를 포기하고 번트 타구를 잡을 수 있도록 약간 강하게 대거나, 야수보다 상대적으로 번트 처리가 미숙한 투수가 처리하도록 공의 속도를 죽여 투수 앞쪽으로 굴리는 방법이 있다. 3루수 쪽으로 번트를 할 때는 뒷다리를 뒤로 빼면서 상체를 투수와 유격수 쪽으로 향하게 해야 번트의 각도가 좋아진다. 배트의 각도는 1루 라인과 동일하게 유지하는 것이 기본이다.

공을 투수 쪽으로 보낼 때는 투수와 포수 그리고 1루수가 처리하기 힘든 투수 정면에 약하게 번트를 대야 한다. 앞발을 45도 정도 열고 뒷다리를 앞으로 약간 전진시키면서 몸이 투수를 향하도록 정면을 보게 한다. 컨택트 시 배트의 각도는 투수 쪽으로 90도가 되게 하고, 배트 헤드가 밑으로 떨어지지 않게 한다. 번트 타구는 투수와 포수의 중간 지점에서 멈출 수 있도록 약하게 댄다.

3루 쪽으로 번트를 대는 정근우
뒷다리를 뒤로 빼고 상체를 투수와 유격수 쪽으로 향하게 한다.

페이크 번트는 내야 수비 위치의 빈 공간을 이용해 성공률을 높이는 작전이다.

이때 상대 수비가 보내기 번트를 예상하고 100퍼센트 번트 수비 포메이을 취하면 페이크 번트를 이용해 상대에 치명적인 대미지를 줄 수 있다. 2루수와 유수가 각각 1루와 3루 베이스 커버를 위해 이동해야 하기 때문에 수비 위치에 빈 공간이 많아져 페이크 번트로 전환 시 성공 확률이 높다.

페이크 번트 상황

스퀴즈 상황

스퀴즈 상황

수어사이드 스퀴즈 번트를 하기로 했다면 3루 주자는 투수의 스트라이드 동작에 맞추어 먼저 뛰기 시작할 것이다. 따라서 타자는 투수의 공이 어떻게 들어오든 상관없이 무조건 번트를 시도해야 한다. 이때 타구는 페어 지역에 떨어지기만 하면 된다. 타자는 양발을 투수 정면으로 오픈시키고 홈 플레이트 앞쪽에서 컨택트해야 한다. 번트 확률을 높이기 위해서는 배트의 스폿 부위에 공을 맞히는 것이 좋다.

세이프티 스퀴즈 번트를 시도하기로 했다면 3루 주자는 번트 타구가 1·3루 선상으로 잘 이루어진 경우에만 홈으로 들어가고, 그렇지 않다면 3루에 머무르게 된다. 이때는 앞무릎을 굽히고 뒷다리를 뒤로 빼면서 공을 배트의 끝부분에 컨택트시켜 1루나 3루 선상으로 약하게 댄다. 두 경우 모두 상대가 모르게 해야 하기 때문에 투수의 릴리스 포인트에 맞추어 번트 자세를 취해야 한다.

수어사이드 스퀴즈 번트

세이프티 스퀴즈 번트

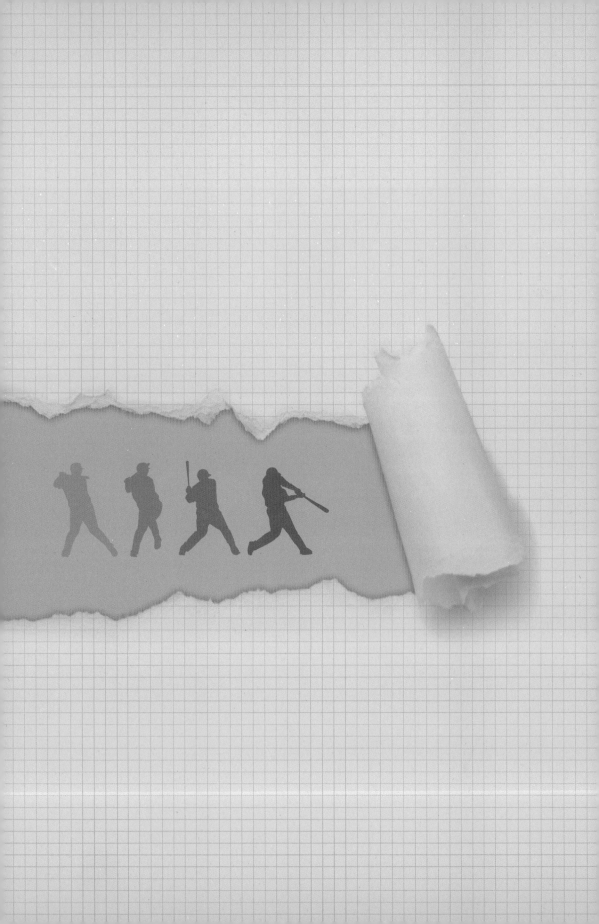

3장

더 좋은 타자가 되려면

어떤 분야든 자신에게 부족한 점이 있다면 그 부분을 채우기 위한 노력이 필요하다.
하물며 타격은 모든 스포츠를 통틀어 가장 어렵다고 꼽혔을 정도로 힘든 작업일 뿐
아니라 고도의 집중력과 순간적인 반응을 필요로 하기 때문에 충분한 훈련을 한다 해도 타석에 들
어서면 무엇인가 부족한 기분이 들곤 한다. 그러나 늘 이런 기분을 안고 타석에
설 수는 없다. 끊임없는 연습을 통해 기본기를 가다듬고 투수와의 싸움에서
이길 수 있는 방법을 궁리한다면 더욱 좋은 타자가 될 수 있지 않을까?
이 장에서는 기본적인 타격의 메커니즘 이외에 타격의 성과를 더욱 높일 수 있도록
실전 타격, 타자의 심리학, 연습 방법 등에 대해 알아보고자 한다.

실전 타격

The Art of 0.4 seconds

0.4초의 예술

사람의 눈은 떨어지는 각도는 분별하지만 스피드를 구별하는 능력은 떨어진다. 즉, 떨어지는 각도는 알 수 있지만 몇 미터 앞에서 떨어지는 것인지를 판단하는 능력은 부족하다는 뜻이다. 투수가 25킬로미터 이상 매번 스피드를 조절하면 타자가 공을 칠 수 있는 확률은 그만큼 낮아진다. 뿐만 아니라 타자의 뇌에는 앞선 투구에 대한 잔상이 13초 정도 남아 있게 된다고 한다. 투수들이 내·외곽 스트라이크 존을 번갈아 사용하는 것도 타자들을 혼란스럽게 하기 위해서다.

　실제로 타석에 들어섰을 때 자신 있는 타격을 하기 위해서는 실전 경기에서 투수를 상대해본 경험과 테이터 분석을 활용하여 순간적인 직감력을 키우고 예측의 정확성을 높이는 것이 중요하다.

더 좋은 타자가 되려면
실전 타격

Batting depending on the Pitching Arsenal

구종별 타격

타자는 투수의 손이 글러브에서 빠져나오는 순간부터 포커스를 좁혀 투수의 손동작을 따라간다. 특히 투수의 손이 릴리스 포인트에 도달하면 그 부위에 네모난 상자를 만들어 손목이 눌리거나 틀어지는 모양을 집중해서 보고 공의 회전이나 색을 인지함으로써 구종을 파악할 수 있다. 물론 이것은 대단히 어려운 작업이며, 정확성이 떨어질 수도 있다. 그러나 작은 실마리 하나라도 놓치지 않으려는 노력이 성과를 향상시킬 수 있음을 기억하기 바란다.

　보통 공이 뿌려지는 순간 공이 아래로 눌리는 것처럼 느껴지면 패스트볼이고, 공이 위로 튀어오르면 변화구가 된다. 타자들이 스플리터나 포크볼에 대처하기 어려운 이유는 릴리스 순간에는 공이 패스트볼처럼 눌리지만 타자 앞에서는 아래로 떨어지기 때문이다. 체인지업은 패스트볼과 똑같은 투구폼에서 나와 같은 회전을 하지만 스피드는 더 느리다. 그 때문에 투구폼과 공의 회전만으로 구종을 판단하고 스윙을 시작한 타자는 예상보다 느리게 오는 공에 타이밍을

빼앗기게 된다.

　타자들은 공이 투수의 손을 떠나 1.5미터 지점에 이르면 투구에 대한 판단을 해야 한다. 심정수는 투수와 가상의 일직선을 그어놓고 그 선에 들어오는 공만 쳤다고 한다. 또한 대부분의 프로 선수들은 투수의 릴리스 포인트에서 약 9미터 지점에 가상의 스트라이크 존을 그려놓고 구종과 구질을 면밀하게 살핀다.

포심 패스트볼four seam fastball

흔히 직구라고 부르는 구종이다. 투수의 릴리스 포인트에서 누르듯이 밑으로 회전이 걸린다. 일반적으로 솔기가 두 줄 보이므로 공의 색은 언제나 깨끗한 흰색이다. 타자는 앞쪽에서 타격한다는 마음으로 체중을 빠르게 앞다리로 이동시켜야 한다. 외곽 컨트롤에 뛰어난 투수가 상대로 나온다면 초구와 2구 정도는 바깥쪽에 포커스를 맞추는 것도 한 방법이다. 간혹 공의 회전이 좋은 투수는 패스트볼이 마치 타자 앞에서 떠오르는 것처럼 느껴지기도 하는데, 이를 라이징 패스트볼rising fastball이라고 부른다.

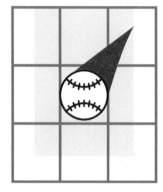

외곽구를 버리고 가운데 실투성으로
들어오는 공을 노린다. 구속이 빠르므로
컨택트 존에 신경을 쓰고 앞다리
앞쪽에서 쳐야 한다.

빠른 공　　　　　　　　느린 공

타자가 노려야 할 존

오승환의 포심 패스트볼은 마치 대포알같이 날아온다. "스피드와 코너워크가 뒷받침된다면
투수의 최고 무기는 패스트볼"이라는 말은 그의 투구를 보면 느낄 수 있다.

국내 선수들 중에서는 박찬호와 손승락이 던지는 구종으로, 이들의 컷 패스트볼은 타자 앞에서 짧고 빠르게 떨어진다.

더 좋은 타자가 되려면
실전 타격

컷 패스트볼^{cut fastball}

패스트볼의 변형으로 포심 패스트볼과 유사하게 들어오다가 마지막에 짧고 빠르게 휘면서 떨어진다. 포심 패스트볼에 비해 스피드가 크게 떨어지지 않고 투구폼도 같기 때문에 타자는 일반적인 패스트볼 타이밍에 스윙이 나갈 수밖에 없다. 우타자에게는 바깥쪽 스트라이크로 들어오다가 빠르게 빠져나가는 볼이어서 배트 끝에 맞거나 헛치게 되고, 반대로 좌타자에게는 타석 가까이에서 몸쪽으로 휘어져 들어오기 때문에 치기가 까다롭고 배트가 부러지기 쉽다. 우타자는 끌어치기보다 밀어치는 타격을 해야 하며, 좌타자는 빠른 스윙으로 대처해야 한다. 스피드는 포심 패스트볼과 거의 차이가 없기 때문에 같은 타이밍에 스윙한다.

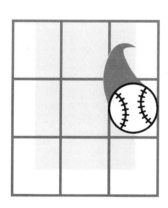

스윙을 크게 하기보다는 간결하게
친다는 생각으로 임한다. 좌타자는 몸쪽
외곽구를 버리고 대처한다. 우타자는
바깥쪽을 버리고 패스트볼 타이밍에
투수를 향해 우측으로 밀어친다는
생각을 가진다.

투심 패스트볼two seam fastball과 싱커sinker

기본적으로는 두 구종 다 우투수가 우타자에게 던졌을 때 타자의 몸쪽으로 붙으면서 떨어지는 성질을 가지고 있다. 그러나 투심 패스트볼은 상대적으로 구속이 빠르면서 떨어지는 폭이 작고, 싱커는 투심보다 느리지만 낙폭이 조금 더 크다. 던지는 순간 손목을 비틀어주는 방향에 따라 떨어지는 코스가 달라진다. 헛스윙보다는 공이 배트의 손잡이나 밑부분에 맞아 땅볼이 나올 확률이 높기 때문에 주자가 있을 때 더블플레이를 유도하기 위해 사용하기도 한다. 높은 공은 변화가 약하지만 낮은 공은 변화가 예리해져 좋은 타격을 할 수 없으므로 타격 포인트를 약간 높게 보고 치는 것이 좋다. 몸쪽으로 완전히 붙어서 들어오는 싱커는 치기도 곤란하고 볼이 되는 경우가 많아 카운트가 불리하지 않으면 건드리지 않는다.

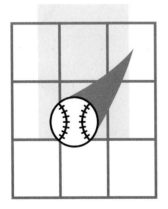

타격 포인트를 높게 보고 스윙한다.
우타자는 배트를 약간 짧게 잡는 것도
한 방법이 될 수 있다. 좌타자는 가운데
코스의 높은 공을 밀어친다는 생각을
가진다.

김선우가 던지는 투심 패스트볼은 현재 국내 최고의 무브먼트를 보여준다.

윤성환이 던지는 커브는 큰 낙폭을 보여준다. 현대 야구에서는 커브와 슬라이더의 중간 형태인 '슬러브slurve'를 구사하는 투수도 많아졌다.

더 좋은 타자가 되려면
실전 타격

커브 curve

투수의 손을 떠날 때 솟아오르면서 연한 붉은색을 띠는 것같이 보인다. 던지는 순간 공을 패스트볼과 반대로 회전시켜야 하기 때문에 투수의 손목과 팔이 둥글게 돌아나오는 것을 알 수 있다. 높은 곳에서 낮은 곳으로 휘어져 떨어지므로 슬라이더보다는 시선을 높은 곳에 두고, 우타자는 몸쪽에서 가운데 부분을 타격 포인트로 택하여 스윙을 해야 한다. 슬라이더보다 구속이 느리고 공의 위치가 높아 구종이 커브라는 것을 알 수만 있다면 좋은 타격으로 연결시킬 수 있다. 보통 구속이 패스트볼과 20킬로미터 이상 차이가 나고 떨어지는 폭이 크기 때문에 체중을 천천히 이동시키면서 높은 공을 공략하는 것이 한 방법이다.

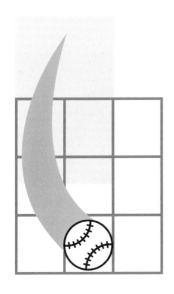

높은 곳에 시선을 두고 뒷다리에서 느리게 체중 이동을 조절하면 장타로 연결시킬 수 있다. 우타자는 몸쪽이나 가운데 코스의 높은 공을 보고, 낮은 공이나 바깥쪽 공은 참아야 한다. 좌타자는 바깥쪽이나 가운데 코스의 높은 공을 치고 낮은 몸쪽 공은 버린다.

슬라이더^{slider}

공의 궤적이 스트라이크 존을 향하다가 갑자기 예리한 각도로 꺾인다. 두드러진 빨간색을 보이기 때문에 쉽게 구별할 수 있다. 우타자는 몸쪽에서 가운데로 몰리는 공을 기다렸다가 패스트볼과 커브의 중간 정도 높이를 타격 포인트로 보고 쳐야 한다. 이때 바깥쪽 코스는 빠져나가는 공이므로 버리는 것이 좋다. 구속이 패스트볼과 10킬로미터 정도 차이가 나기 때문에 패스트볼 타이밍에 쳐야 한다.

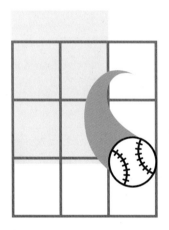

가벼운 구질의 공이기 때문에 높은 가운데 코스의 공은 승부를 뒤집을 수 있는 장타로 연결된다. 좌타자는 낮은 유인구나 몸쪽 공에 방망이가 따라 나가지 않게 하고, 우타자는 바깥쪽이나 낮은 유인구를 버리고 몸쪽이나 가운데 코스를 노린다.

윤석민이 던지는 슬라이더는 140킬로미터를 넘나들 정도로 압도적인 위력을 보여준다. 스피드가 올라갈수록 타자는 더 빨리 궤적을 예상하고 스윙을 해야 하기 때문에 공을 제대로 때려내기 힘들어진다.

체인지업change-up

패스트볼처럼 들어오지만 스피드를 느리게 해서 타자를 속이는 구질이다. 패스트볼과 마찬가지로 붉은 점이 떨어져서 들어오며 흰색을 띤다. 타자는 체인지업을 던지는 투수를 상대할 때 습관이나 정보를 반드시 숙지하고 타석에 들어가야 한다. 체중을 실은 중심을 뒤쪽에 잘 머무를 수만 있으면 좋은 타격을 할 수 있다. 체인지업은 실투가 될 경우 타자가 가장 치기 쉬운 공이 되기도 한다. 스트라이드할 때는 뒷다리의 경사를 약하게 하고 투구에 맞추어 느리게 이동한다. 스피드가 느려지면서 아래로 떨어지는 성질을 가지고 있기 때문에 가능하면 타격 포인트를 높게 보고 치는 것이 좋다. 현대 야구에서는 잊혀져 가는 구종이지만 팜볼 역시 속도로 타자를 속이는 구종이므로 체인지업과 같은 타이밍에 스윙하면 된다.

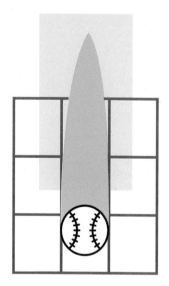

높고 구속이 느린 공은 타자의 좋은 먹잇감이 된다. 뒤에 잘 머무르고 있다가 높은 공을 골라서 장타로 연결시켜야 한다. 낮은 코스나 밸런스가 흐트러지는 빠른 타이밍에 주의한다.

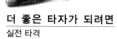

류현진의 체인지업은 패스트볼과 같은 투구폼에서 나오지만 20~30킬로미터의 스피드 차이를 보인다.
최근에는 스피드 외에도 많은 변화를 동반하므로 체인지업을 던지는 투수들의 특징을 개별적으로
파악해둘 필요가 있다.

일반적으로 구속이 패스트볼과 10킬로미터 정도 차이가 나지만 투수에 따라 더 큰 차이를 보여주기도 한다.
릴리스 순간에 공이 패스트볼처럼 눌러져 오기 때문에 타자 입장에서는 굉장히 까다롭다. 연속 완봉승을 하던
당시 송승준은 최고의 포크볼을 보여줬다.

더 좋은 타자가 되려면
실전 타격

포크볼forkball과 스플리터split finger fastball

포크볼은 검지와 중지 사이에 공을 끼워서 던지는 변화구로 회전이 거의 없이 패스트볼처럼 오다가 공기 저항을 받아 홈 플레이트 근처에서 뚝 떨어진다. 완벽하게 던져진 포크볼을 제대로 칠 수 있는 타자는 거의 없다. 송승준 같은 선수는 스트라이크와 볼을 모두 포크볼로 던질 수 있어 까다롭지만 대부분의 투수들은 이를 낮은 유인구로 사용하기 때문에 포크볼이라고 판단되면 손을 대지 않는 것이 상책이다.

스플리터는 포크볼보다 손가락 사이를 조금 좁힌 그립으로 던지며, 포크볼보다 구속이 빠르고 떨어지는 폭이 작다. 패스트볼과의 구속 차이가 10킬로미터 안팎이므로 패스트볼 타이밍에 시선을 높게 보고 쳐야 한다. 낮은 공은 전부 볼이라고 보면 된다. 두 경우 모두 스윙의 첫 3분의 1 지점에서 배트를 멈출 수 있는 유연성이 필요하다. 그렇지 않다면 배트를 짧게 잡고 공을 좀 더 기다리는 것이 효과적인 대처법이다.

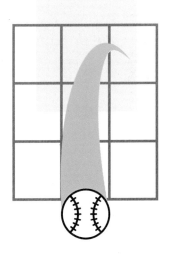

포크볼을 치겠다는 타자는 어리석다고 볼 수 있다. 포크볼은 회전이 없고 쳐도 멀리 나가지 않는 구종이므로 실투가 들어와도 가볍게 친다는 생각으로 대응한다.

스크루볼 screwball

보통 좌투수가 우타자를 상대할 때 타자의 바깥쪽으로 휘어져 나가도록 던지는 공이다. 패스트볼과 유사하지만 종속이 떨어지면서 타자에게서 멀어지기 때문에 타자는 칠 수 있는 공인지 아닌지 마지막 순간까지 참을성 있게 기다리다가 구질에 맞게 철저히 밀어치는 타격을 해야 한다. 마찬가지로 우투수가 좌타자에게 바깥쪽으로 역회전 공을 던지는 경우가 있는데 이때도 역시 타격 방법은 같다. 은퇴한 송진우 투수는 스크루볼을 이용해 바깥쪽으로 맞혀 잡는 투구를 잘한 것으로 알려져 있다.

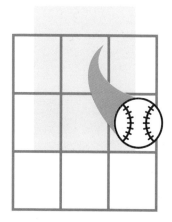

가운데 코스의 높은 곳에 시선을 두고
투구를 공략한다. 바깥쪽 낮은 공이나
빠져나가는 유인구에 주의한다.

요즘에는 팔꿈치에 무리가 가기 때문에 스크루볼을 많이 던지는 투수가 없다. 정우람은
외곽에서 우타자 바깥으로 흘러나가는 스크루볼성 서클 체인지업으로 위력적인 모습을
보여주고 있다.

너클볼 knuckleball

공이 어디로 들어올지 아무도 예상할 수 없다. 투수가 손가락 관절을 굽혀서 처음부터 회전 없는 공을 던지기 때문에 구속은 빠르지 않지만 방향을 알 수 없어 치기가 쉽지 않다. 포수도 잡기 까다롭기 때문에 평소보다 큰 미트를 사용한다. 타자는 마지막까지 기다리다가 공이 튀어오르는 느낌이 들 때 타격을 한다. 무리한 장타보다는 정확한 타격에 집중하는 것이 효과적이다.

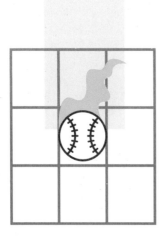

가운데 코스의 높은 공을 무리하게 스윙하지 말고 투수를 향해서 가볍게 친다는 생각을 가진다. 외곽구나 낮은 공에 주의한다.

국내에서는 마일영이 가끔 구사한 적이 있다. 일반적인 너클볼은 아니지만 공이 마지막에 너울너울 날아오며 타자를 어리벙벙하게 만든다.

Using Strike Zone

스트라이크 존을
활용한 투구 대처법

타자의 스트라이크 존 코스 선호도

더 좋은 타자가 되려면
실전 타격

스트라이크 존을 나눠서 공략하면 타격 성공률을 더 높일 수 있다. 스트라이크 존을 세로로 4등분할 경우, 우타자의 스트라이크 존 선호도는 그림에 표시한 번호의 순서와 같다.

바깥쪽을 노릴 때는 안쪽 4분의 1 지점을 버리고, 반대로 몸쪽을 노릴 때는 바깥쪽 4분의 1 지점을 버리고 몸쪽에 대비한다. 우투수들은 일반적으로 몸쪽 코스(4번)보다는 바깥쪽 코스(3번)를 선호한다. 또한 대부분의 투수들은 몸쪽 공이 바깥쪽 공보다 구속이 떨어지는 경우가 많다. 2001년 삼성에서 선수 생활을 했던 발비노 갈베스는 오히려 몸쪽 공을 빠르게 던져 타자들을 잡아내는 이례적인 선수였다.

홈런은 대부분 가운데성 실투(1번과 2번)에서 나온다. 그렇기 때문에 바깥쪽 코스(3번)로 들어가다 흘러나가는 구종은 홈런을 노리는 타자들에게 효과 높은 유인구가 된다. 몸쪽 공은 타자의 경우 빨리 대처해야 하고, 투수의 경우 사구가 되거나 공이 가운데로 몰려 장타가 나올 수 있기 때문에 모두에게 부담스럽다. 그러나 몸쪽 높이 몰린 공은 하체를 많이 사용하지 않고도 장타를 만들어낼 수 있어 타자들이 선호하는 코스이기도 하다.

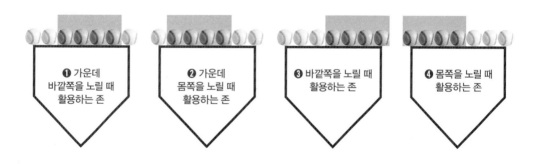

❶ 가운데 바깥쪽을 노릴 때 활용하는 존

❷ 가운데 몸쪽을 노릴 때 활용하는 존

❸ 바깥쪽을 노릴 때 활용하는 존

❹ 몸쪽을 노릴 때 활용하는 존

Batting depending on the Situation

이럴 때는
이렇게 쳐라

직구와 변화구에 타이밍을 맞추는 방법

직구와 변화구는 스트라이드 시 뒷다리의 체중을 앞다리로 옮기면서 착지하는 시간 차이로 조절한다. 직구는 타이밍이 늦지 않도록 스트라이드를 하나에 디딜 수 있게 하고, 변화구는 하나, 둘, 셋, 넷에 걸쳐 디딜 수 있도록 뒤에 머무르는 시간차를 둔다. 또한 직구는 뒷다리의 무릎과 대퇴부의 안쪽을 깊고 강하게 밀어주어 신속하게 타이밍을 만들고, 변화구는 상대적으로 약하게 밀어주어 타이밍을 길게 만든다. 일본 최고의 컨택트형 타자인 아오키 노리치카는 직구가 왔을 때 스트라이드 보폭을 평소와 같이 하고, 변화구에는 보폭을 조금 더 늘려 시간차를 길게 만드는 방법을 사용하기도 한다. 특히 변화구는 직구에 비해 스피드가 느리고, 공이 아래로 떨어지면서 컨택트 존이 낮아지기 때문에 히팅 포인트를 뒤쪽에 두고 스윙을 해도 예상했던 것보다 앞쪽에서 컨택트하게 된다.

직구에 타이밍을 맞추는 방법
스트라이드를 빠르게 하나에 딛는다.

변화구에 타이밍을 맞추는 방법
시간차를 두고 스트라이드를 하나, 둘, 셋, 넷에 걸쳐 딛는다.

높낮이가 다른 공에 대처하는 방법

높은 공을 칠 때는 상체를 스테이 백 시키는 것이 좋은 타격을 하는 데 중요하다. 앞다리는 단단히 버텨주고 뒷무릎의 각도는 90도로 굽어져야 한다. 몸이 휘어지는 각도에 신경 쓸 필요 없이 컨택트 지점을 앞에 두고 타격을 한다.

반대로 낮은 공을 칠 때는 자세를 바나나 모양으로 깊이 휘어지게 하고, 컨택트 지점도 높은 공보다 뒤쪽에 위치시킨다. 이때는 앞발 쪽에 체중을 실어주어도 무방하다. 그러나 공이 어떤 높이에 있든 몸과 배트, 공의 각도는 90도를 유지한다.

높은 공을 칠 경우 몸 앞쪽에서 톱 핸드가 L자 모양이 되지 않으면 투구에 밀려 타구가 뻗어나가지 못한다. 반면 낮은 공은 L자를 유지하면서 높은 공보다 뒤쪽에 컨택트 존이 형성되어야 한다. 낮은 공을 앞쪽에서 컨택트하면 공에 조금만 변화가 일어나도 헛스윙이나 범타가 될 가능성이 높다. 따라서 높은 공은 조금 앞쪽에, 낮은 공은 조금 뒤쪽에 두고 컨택트하는 것이 타구의 질을 좋아지게 하고 컨택트 존을 넓게 만들 수 있다.

앞다리를 들면서 타이밍을 맞추는 김현수

높은 공이지만 교과서처럼 앞다리가 펴지
고 뒷무릎이 90도에 가깝게 굽혀져 있다.
또한 상체가 스테이 백 되면서 완벽하게
양팔을 뻗어주고 있다.

공의 높낮이에 따라 달라지는 몸과 배트의 각도

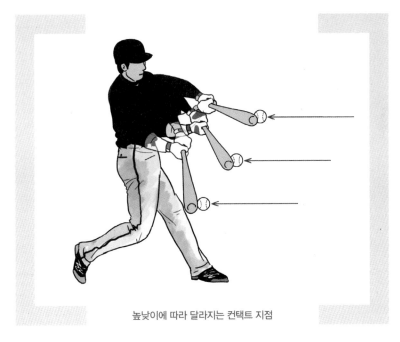

높낮이에 따라 달라지는 컨택트 지점

몸쪽 공과 바깥쪽 공에 대처하는 방법

안쪽에 꽉 찬 스트라이크가 들어올 경우에는 배트의 스위트 스폿 부위에 공을 맞히기 위해 몸을 바나나처럼 많이 휘게 하여 회전 반경을 좁힌다. 보텀 핸드 쪽 대퇴와 허리가 옆으로 비켜 빠져주면서 빨리 회전할 수 있는 공간을 만들고, 톱 핸드의 겨드랑이를 조이듯이 팔을 V자로 유지하면서 어깨와 함께 회전한다. 즉 몸통 회전이 이루어질 때 앞다리가 뒷다리의 신속한 회전을 돕기 위해 옆으로 비켜주면서 뒤로 빠지듯 회전이 이루어지는 것이다.

컨택트 후 회전력을 높이기 위해서는 앞발 끝이 들릴 경우 뒤꿈치 부분이 축이 되도록 단단히 버텨주는 테크닉이 필요하다. 바깥쪽에 꽉 찬 공이 들어올 경우에는 뒷다리를 뒤로 빼면서 상체가 공을 향하도록 앞다리에 체중을 실어주면 몸이 공과 가까워져서 스윙을 보다 수월하게 할 수 있다. 또한 체중이 전체적으로 앞다리 쪽에 형성되면서 힘을 가하게 되므로 밀어치는 타구에도 힘을 실어 장타를 만들어낼 수 있다.

몸쪽 공을 칠 때의 자세

바깥쪽 공을 칠 때의 자세

김선빈

더 좋은 타자가 되려면
실전 타격

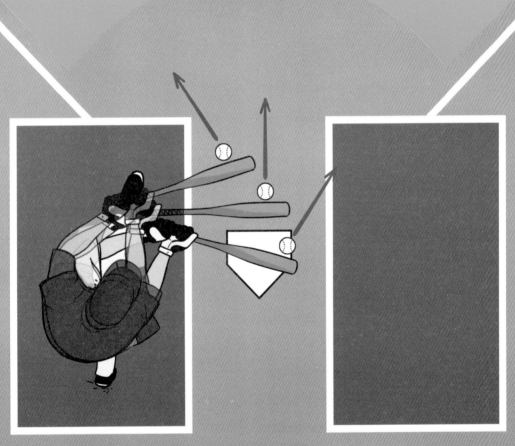

안쪽 공과 바깥쪽 공에 따른 배트의 각도

The Swing after Two Strike

투 스트라이크
이후의 스윙

투 스트라이크 후에 타격폼을 완전히 변화시키는 타자도 있다. 테드 윌리엄스
의 말처럼 투 스트라이크 이후가 되면 투수와 타자는 서로 칼자루를 바꿔 쥐게
된다. 타자가 불리한 위치에 놓이게 되는 것이다. 타자는 공을 투수 쪽으로 되돌
려 보낸다는 생각으로 배트를 짧게 잡고 직각으로 맞히는 푸시 스윙push swing을
하는 것이 타율을 올리는 데 유리하다. 이때 배터 박스의 약간 앞쪽에서 홈 플
레이트에 붙어 서면 배트를 짧게 잡은 만큼의 거리를 보완할 수 있다.

　　박한이와 이진영은 투 스트라이크 전까지는 평소와 같은 리듬으로 스트라
이드를 통한 유효질량을 이용하여 타구를 강하게 때려내는 본인의 폼을 유지한
다. 그러나 카운트가 몰리면 장타를 노리기보다 스탠스를 넓히고 노 스텝으로
전환하여 컨택트에만 초점을 맞춘다.

Switch Hitter

스위치 타자

최근 kt위즈의 폭발적인 득점의 원동력 뒤에는 용병 선수인 로하스가 있기 때문이다. 로하스는 시즌 중도에 참가하여 KBO리그에서 활동하는 유일한 스위치 타격을 하는 선수다. 호타준족의 뛰어난 활약을 보여주며 장타력까지 겸비한 타자다.

하지만 안타까운 실정은 KBO리그에서 활동하는 국내 선수의 스위치 타자가 한 명도 없다는 것이다. 이런 사태가 오기까지는 현장에 있는 지도자들의 좁은 편견의 시각이 원인이 아닌가 생각이 든다. 어느 외국 스카우트 말에 의하면 미국 선수들이 의외로 발이 느린 선수들이 많다고 한다. 그래서 남미나 아시아에서 발이 빠른 선수들을 찾는다고 했다. 인체적인 능력으로 보면 아시아인들이 컨택트 능력에서 미국 선수들보다 우수하기 때문에 좌우 양타의 스위치 타자의 능력을 보여준다면 훨씬 더 선수 생활 동안 쓰임세가 많을 것 같다.

일례로 kt위즈의 심우준 선수는 발이 빠르고 장래성이 뛰어난 팀의 주축 선수로 성장을 시키고 싶은데 우측에서 타격하는 능력이 부족하여 현장 감독이나 지도자들이 2018년에 스위치 타자로 전환을 심각하게 고민하고 있다고 한다.

우리나라도 어릴 때부터 좀 더 개성에 맞는 능력을 개발할 수 있도록 환경이 조성되어야 하겠다. 선수들의 재능에 맞게 지도자들이 안내자가 되어주고 결정은 전적으로 선수 개개인들의 선택에 맡기는 올바른 문화가 정착되어야 하겠다. 한쪽으로도 제대로 못 치면서 양타를 한다는 선수의 선택을 묵살시키는 어리석고 시야가 좁은 지도자들이 줄어들었으면 하는 바람이다.

린도어나 로하스 같은 선수들이 자연스럽게 배출되는 환경과 도전정신이 요구되고 있다. 이종열 해설위원이 현역 시절 심우준 선수와 같이 늦게 스위치 타자에 도전했기 때문에 지도자의 부정적인 편견 때문에 수많은 고충과 갈등을 겪는 것을 지켜보았기에 우리나라에서는 스위치 타자의 배출이 힘든 환경이 아닌가 싶다.

유소년 시절부터 빠른 주력과 컨택트 능력이 있다면 충분히 스위치 타자로 성장이 가능하다고 본다. KBO 지도자 시절 스위치 타자로 성공적인 선수생활을 할 수 있도록 도운 경험자로서 우리도 우수한 스위치 타자의 배출 가능성이 충분하다고 생각하며 선수들의 다양한 개성과 의지가 반영되는 야구 환경이 조성되기를 기대해본다.

로하스(좌타석)

로하스(우타석)

더 좋은 타자가 되려면
실전 타격

심우준

Challenge a Switch Hitter

스위치 타자에 도전하라

자신이 5툴 선수가 아니라면 스위치 타자에 도전해보라. 프로 구단에 스카우트 되었다고 해서 모두가 고액 연봉을 받는 인기 선수가 되는 것은 아니다. 그러나 스위치 타자에 도전한다면 FA(자유계약)로 소위 대박을 터트리는 것도 불가능한 이야기는 아니다. 실제 프로에 들어온 이후 스위치 타자로 전환하여 FA에 성공한 사례로는 장원진(현 두산베어스 타격 코치), 박종호, 이종열을 들 수 있다. 그들의 도전 정신과 변화를 두려워하지 않는 열정은 구단 내에서도 높은 평가를 받았다.

내가 1992년 당시 LG트윈스의 2군 타격 코치로 재임하고 있었을 때 이종열이 한 해 먼저 입단하고 다음 해 박종호가 들어왔다. 두 선수 모두 고졸이었만 내야수로서 좋은 수비 실력을 갖추고 있었다. 하지만 2군에서 1군으로 올라가기 위해서는 타격이 중요했다.

박종호는 어린 나이임에도 쟁쟁한 프로 선수들을 보면서 본인이 1군 선수

현대유니콘스 시절 박종호의 타격 모습

가 되기에는 파워가 부족하다는 것을 깨닫고, 입단하자마자 스위치 타자로의 변신을 마음먹었다. 많은 사람들이 알고 있듯이 그는 도전에 성공해 다른 구단에서 부러워하는 선수가 되었다. 특히 선수를 보는 안목이 좋았던 김응룡 전 감독이 대단히 탐을 냈던 것으로 기억한다.

그는 1995년 롯데와의 플레이오프에서 홈 베이스로 슬라이딩하다가 포수와 충돌해 손목에 큰 부상을 입고 선수 생활 불가 판정을 받았다. 그러나 피나는 재활을 이겨낸 후, 2000년 타격왕(타율 0.340), 59경기 연속 출루라는 대단한 기록을 세우기도 했다. 덕분에 모든 팀에 꼭 필요한 전형적인 2번 타자의 롤

모델이 되어 FA를 경험하고 경제적으로도 많은 보상을 받았다.

이종열에게도 스위치 타자로의 전환을 권유해보았지만 처음에는 마음을 움직이지 않았다. 하지만 몇 년간 성적이 2할대 초반을 기록하고 2군에 머무는 시간이 많아지면서 우타석에서의 한계를 느끼고 스위치 타자로 전환을 시도했다. 시기가 늦어진 만큼 고통스러운 과정을 참아가며 짧은 기간 피칭 머신을 상대로 캠프 동안 노력한 결과 성공적으로 1군 무대에 서게 되었고, 오랫동안 선수 생활을 이어가며 FA로 땀의 결실을 맺을 수 있었다.

최근 스위치 타자로 활동하고 있는 선수로는 LG트윈스의 서동욱을 들 수 있다. 서동욱은 KIA에서 1차로 지명한 대형 내야수로 신인 시절 파워를 겸비한 우타 거포로 촉망받는 기대주였으나, 우투수의 바깥쪽 변화구에 약점을 보여 팀의 기대에 미치지 못하고 LG로 트레이드되었다. 내가 LG트윈스의 1군 타격 코치였던 시절 직접 찾아와 본인의 의사를 밝히고, 스위치 타자로의 전환을 시도했다. 그 후 한 게임에서 좌타석과 우타석 모두 홈런을 치는 진기록을 남기고, 좌타석에서 우투수의 공에 적응하는 모습을 보여주며 현역에서 활약하고 있다.

스위치 타자로 전환할 때 가장 힘든 것은 힘을 쓰는 습관을 반대로 바꾸는 것이다. 처음에는 톱 핸드의 힘이 약하기 때문에 공을 때려도 앞으로 강하게 멀리 나가지 않고, 공의 코스를 조절하는 보텀 핸드의 기능이 떨어져 밀어치는 능력도 부족해진다. 하지만 본인의 굳은 의지와 노력으로 톱 핸드의 파워를 키우고 보텀 핸드의 조절 능력을 만든다면 얼마든지 극복 가능하다.

특히 짚고 넘어가고 싶은 것은 1군에서 주전으로 뛰지 못하는 선수 중 발은 빠르지만 체격이 크지 않아 파워가 부족하고 수준급의 타율을 보여주지 못하는 우타자라면 지금이라도 진지하게 스위치 타자로의 전환을 고려해보라는 것이다. 대부분의 우타자들은 우세안인 오른쪽 눈을 뒤에 두고 있는데, 좌타석에

서동욱의 오른쪽 타석, 왼쪽 타석

서 타격을 하면 우세안을 앞쪽에 둘 수 있어 선구안 향상에 도움을 받을 수 있다. 우세팔이 보텀 핸드가 되어 파워는 떨어지지만 우세안으로 인해 정확성이 높아질 가능성이 있다는 것이다.

　게다가 야구는 좌타자에게 유리하게 고안된 운동 종목이다. 이학주는 아직 마이너리그에 머물고 있지만 국내 선수로는 현재 메이저에 가장 근접해 있는 유망주로 평가받고 있다. 그 이유는 발이 빠른 우투좌타이기 때문이다. 두산베어스의 2루수 오재원은 2011년 고영민과의 경쟁에서 우위를 점하고 주전으로 출장했다. 오재원이 우투좌타가 아니었다면 과연 고영민과의 경쟁에서 우위를 점할 수 있었을까? 강한 의지를 가지고 노력한다면 1군 붙박이 주전이 되는 것도 꿈은 아니다.

그러나 현실적으로는 지도자들이 모험을 시도하는 것을 달가워하지 않는 경우가 많아 선수들이 도전할 수 있는 기회가 점점 줄어들고 있어 안타깝다. 힘든 고비를 수없이 넘겨야 하고, 좌투수들이 득세하는 현대 야구에서 좌타자로 전향했을 때의 이점이 많이 줄어든 것 또한 사실이다. 그럼에도 불구하고 야구는 좌타자에 유리한 스포츠다. 주력이 빠른 선수가 우측 타격이 우수하지 않은 경우 과감하게 스위치 타자로의 전환을 시도하여 자신의 역량을 차별화시킨다면 영광의 순간을 맞이할 수 있으리라고 본다.

잘못된
타격 상식

불리한 카운트에서는 직구에 타이밍을 맞춰라?

흔히 직구를 노리고 있으면 변화구에 대처할 수 있지만, 변화구를 노리고 있으면 직구에 대처가 불가능하다는 말이 있다. 대부분의 타자들은 빠른 공에 타이밍을 맞추었다가 느리게 조절할 수는 있지만, 느린 공에 초점을 맞추고 있다가 빠른 공에 대응하기는 쉽지 않다고 생각한다. 그 때문에 불리한 볼 카운트에서는 직구를 노리고 있어야 한다는 고정관념을 갖게 되는데, 이것이 반드시 옳지는 않다.

불리한 볼 카운트에서 어떤 공에 대비해야 하는지는 타자의 성향에 따라 다르다. 변화구에 강한 타자는 직구를 노리면서도 변화구에 대처가 가능하고, 스윙이 짧고 빠른 타자는 변화구에 대비하고 있다가도 직구가 들어오면 그에 맞게 대응하는 전략을 택한다. 이는 타고난 신체 조건에 따라 달라지기도 한다.

속근速筋(빠른 근육)을 타고난 선수들은 불리한 카운트에서 느린 공을 기다리다 가 빠른 공을 공략하고, 반대로 지근遲筋(느린 근육)을 타고난 선수들은 빠른 공 을 기다리다가 느린 공을 치는 것이 유리할 것이다.

속근을 타고난 대표적인 선수, 이종범

이정후

더 좋은 타자가 되려면
실전 타격

공은 기다렸다 치는 것이 좋다?

공을 기다렸다 치면 나쁜 공을 골라낼 수 있어 출루율이 높아지고, 투수의 공을 끝까지 관찰할 수 있어 구질의 파악에도 도움이 된다. 그러나 타석에서 지나치게 공을 기다리면 전체적인 연결 동작이 수동적이 되어 결과가 나쁜 쪽으로 나올 가능성이 커진다. 특히 야구를 시작하는 유소년이나 청소년 시기에 타석에서 볼을 치지 말라고 지나치게 강조하고 제지시키면 소극적인 자세를 갖게 되어 타격 실력의 성장에 좋지 않은 영향을 미칠 수 있다.

공격적인 자세로 타석에 서면 나쁜 공에 헛스윙을 할 확률이 높아지기도 하지만 헛스윙을 통해 배움과 깨달음을 얻고, 몸을 달궈주어 다음 공에 대한 반응력을 높일 수 있다. 따라서 장기적인 측면에서 좋은 밸런스의 스윙을 터득하고 그것을 습관화하여 타격에 자신감을 가질 수 있게 된다.

이는 신체에도 영향을 미치는데, 공격적인 자세를 취할 때는 근육에 힘이 생기는 반면, 소극적인 자세를 취하면 근육의 힘이 약해져 막상 좋은 공이 왔을 때도 순간적으로 스윙이 나오지 않는 경우가 생긴다. 타자는 공을 기다리는 것이 아니라 공격적인 자세를 취하면서 나쁜 공을 골라낼 수 있는 유연한 자세가 필요하다.

다운스윙을 하라?

혹자들은 아직도 스트라이크 존으로 들어오는 공을 칠 때 배트가 그립의 높이에서 다운스윙으로 내려오면서 컨택트가 이루어진다고 생각하고 있다. 또한 몇몇 지도자들은 타자의 타이밍이 늦거나 헛스윙을 했을 경우에 다운스윙을 하라고 말하기도 한다. 그러나 다운스윙을 하면 하체와 엉덩이의 회전을 이용한 스윙이 아니라 상체에 의존한 스윙을 하게 되므로 컨택트를 하더라도 좋은 타구를 만들어낼 수 있는 확률이 떨어지게 된다.

주자를 진루시키기 위한 히트 앤드 런이나 팀 배팅을 할 때는 땅볼이 필요하기 때문에 다운스윙이 가능하지만, 타구를 라인 드라이브나 외야 쪽으로 보낼 때는 언제나 레벨 업 스윙을 해야 컨택트 지역이 넓어지고 타구의 비거리도 늘어난다.

타격 시 배트는 항상 어깨 높이의 히팅 포지션에서 투구보다 밑으로 내려갔다가 다시 올라오면서 U자 형태의 궤적을 그린다. 타자가 변화구에 속았을 때는 스윙이 빨라서 궤적이 공보다 위쪽에 형성되지만, 타이밍에 맞는 좋은 타격을 했을 때는 스윙이 언제나 공보다 밑에서 레벨 업으로 이루어지기 때문에 다운스윙을 하라는 것은 거짓말이 되고 만다.

스윙 시 최형우의 U자 궤적

장타를 위해서는 컨택트 시
공에 백 스핀을 걸어주어야 한다?

타격을 할 때 공을 멀리 보내려면 공의 윗부분을 때려서 밑으로 백 스핀을 걸어주어야 한다고 생각하는 사람들이 있다. 백 스핀이 강하게 걸릴수록 공이 더 멀리 뻗어나가는 것은 사실이다. 역학적인 분석에 의하면 배트와 공이 컨택트되는 과정에서 배트의 중심이 공의 중심보다 20도 정도 아래를 때리면 백 스핀이 걸려 비거리가 가장 멀리 나갈 수 있다고 한다.

비디오를 통해 잘 맞은 타구를 분석해보면 배트의 궤적이 항상 내려오는 투수의 공에 맞추어 U자 형으로 이루어지는 것을 볼 수 있다. 배트와 공이 강하게 중심 충돌을 일으키면 두 물체 모두 둥근 면이 찌그러졌다가 회복되면서 공에 백 스핀이 걸려 시계 방향으로 회전하며 앞으로 나아가는 것이다.

하지만 실제 타격이 이루어지는 순간에 의식적으로 공의 20도 아래 부분을 때려서 백 스핀을 먹이는 것은 쉬운 일이 아니다. 백 스핀을 의식해 굳이 공의 아랫부분을 맞히려고 하기보다는 자연스러운 인사이드-아웃 스윙을 하면서 공의 가운데 부분을 맞힌다는 생각으로 집중하는 것이 더 효과적이지 않을까?

백 스핀의 원리
배트의 스폿 부위로 공이 내려오는
각도에 맞게 정타로 레벨 업 스윙이
이루어지는 것을 말한다.

스윙할 때 손목을 사용하라?

현장에서는 지도자들이 아직도 손목을 사용하라는 말을 하는 경우가 있다. 손목으로 투구를 버텨내는 것은 역부족인데도 힘 대결을 손목으로 하는 것처럼 착각하고 있는 것이다. 손목으로 스윙을 하면 스윙의 궤적이 횡으로 이루어져 컨택트 존이 좁아지고, 힘의 방향이 나빠져 떨어지는 변화구에 내야 땅볼이 많아지게 된다.

슬로 비디오를 통해 분석해보면 대부분의 타자들은 톱 핸드를 V자 형태로 유지하다가 L자 형태로 변화시켜 보텀 핸드의 손등과 톱 핸드의 손바닥이 하늘을 향하도록 컨택트하고 있다. 컨택트에서 릴리스까지 연결되는 동작은 보텀 핸드가 안쪽에서 바깥쪽으로 버텨주면서 회전하고, 톱 핸드가 바깥쪽에서 안쪽으로 들어오면서 뻗어주는 회전력을 통해 이루어지는 것이다.

이용규 같은 단거리 타자는 컨택트 시점까지는 정상적인 스윙을 유지하지만 짧은 안타를 만들기 위해 팔로 스루를 인위적으로 낮게 하고, 릴리스 마지막 단계에 손목을 이용해 스윙을 끊어주기도 한다. 하지만 정상적인 타격을 하려면 양팔을 뻗어주면서 내회전과 외회전이 자연스럽게 이루어질 수 있도록 해야 한다.

뒷다리 쪽에서 타격하라?

타자들이 타석에서 성공하지 못하는 이유는 한 번의 스윙에 너무 깊이 빠져들어 고민하고 생각하기 때문이다. 헛스윙의 실패를 거울삼아 다음 스윙에 참고하면 더 좋은 타격을 할 수 있을 텐데, 좋지 않았던 것에만 초점을 맞추는 선수들이 많은 것 같다. 간혹 지도자들이 뒷다리 쪽에서 타격을 하라고 말하는 것은 공을 오래 보고 헛스윙을 하지 말라는 뜻이다. 그러나 이것은 타자를 소극적으로 만들고 위축시켜 투수를 압도하는 좋은 스윙의 기회를 놓치게 할 수 있다.

뒷다리 쪽에서 타격을 하면 늦은 타격의 원인이 될 뿐만 아니라 타구의 질이 나빠지고 컨택트 존도 좁아진다. 또한 기대했던 것과는 반대로 급한 스윙을 하게 되어 오히려 헛스윙이 많아진다. 타격은 앞다리 쪽에서 컨택트하는 것이 원칙이다. 그래야 공에 대한 여유가 생기고 컨택트 지역이 넓어져 타이밍이 맞지 않을 때도 약간 앞이나 뒤에서 맞힐 수 있는 유연성이 생긴다.

인간의 눈은 투구를 끝까지 지켜볼 수 있을 정도로 빠르지 않다. 어차피 앞에서 얻은 한정된 정보만으로 스윙을 할 수밖에 없는 것이 타자의 숙명이다. 뒤에서 컨택트하는 것은 타격의 정확성을 높이는 데 전혀 도움이 되지 않는다.

타자의 심리학

Performative Goal and Active Goal

수행 목표와
행동 목표를 기억하라

야구 중계를 보는 시청자들은 가끔 이런 말을 한다. "아니, 한가운데로 들어오는 뻔한 공인데 왜 쳐다보고만 있지? 답답하네…." 하지만 조금이라도 야구를 해본 사람이라면 선수들이 왜 그렇게 답답한 모습을 보이는지 알 수 있을 것이다. 심리적인 압박감, 복잡해진 머리, 부정적인 생각으로 굳어져 가는 몸, 수많은 관중의 엄청난 응원 소리, 차마 입에 담지 못할 욕설. 그 모든 것들을 극복할 수 있는 '강한 심장'을 가진 선수만이 투수와의 싸움을 이겨낼 수 있다.

야구에서 심리적인 부분이 얼마나 중요한지는 몇 경기만으로 승패가 결정되는 한국시리즈 같은 큰 경기에서 두드러지게 나타난다. 정규 시즌에 뛰어난 경기력을 보이던 A급 선수들도 압박감이 평소의 몇 배로 커져 제 역할을 하지 못하는 경우가 있다. 그 때문에 단기전에서 배짱 있는 모습으로 호쾌한 스윙을 선보이는 선수들은 자신의 존재감을 확실히 각인시켜 인기가 높다.

2군 선수들이 1군에 올라와서 제 기량을 발휘하지 못하는 것도 심리적인 준비가 부족하기 때문인 경우가 많다. '못 치면 어떻게 하나' 하는 두려움, '모든 사람이 주시하고 있다'는 긴장감 때문에 생기는 떨림 현상으로 타석에서 집중력을 잃고 제대로 된 준비를 하지 못하게 되는 것이다. 이때는 투구에 타이밍을 맞추기만 하면 된다는 단순한 생각을 가지고 타석에 임하는 것이 좋은 결과로 이어질 수 있다.

경기 중에 집중력을 잃지 않고 하나의 목적만을 생각하기 위해서는 평소에도 목표를 세우고 상기시키는 것이 좋다. 목표란 아주 근본적인 것부터 세부적인 것까지로 나눌 수 있는데 여기서는 이를 '수행 목표'와 '행동 목표'로 분류하고자 한다.

야구를 하기 위해서는 목표가 무엇인지, 어떤 타입의 선수가 되고 싶은지, 경기를 지배하기 위해 어떤 행동을 하고 싶은지 등에 대해 명확한 정의를 내리고 있어야 한다. 목표가 없는 맹목적인 연습은 아무런 방향성 없는 고된 노동과 같다. 방향이 없으면 목표에 도달하는 시간은 자연히 길어지고, 시간이 길어지면 중도에 포기하여 낙오하게 된다.

수행 목표에는 방향성, 연습의 강도, 연습 때마다의 세부 목표가 있어야 한다. 그래야만 매일 매일의 어려움을 극복할 수 있다. 그것을 바탕으로 더 구체적이고 간단한 행동 목표를 세운다. 행동 목표는 '지금 위기 상황을 맞았으니 더 잘해야지'라는 식의 추상적인 목표가 아니라, '주자가 1루에 있으니까 진루를 위해서는 우측으로 밀어치는 타구가 필요하다. 상대 투수는 어떤 구질을 가지고 있으니까 그걸 노려서 우측으로 향하는 타구를 만들어내자'는 식의 직접적인 행동을 취할 수 있는 구체적이고 명확한 목표를 말한다. 행동 목표는 방해 요소를 제거하고 선수의 생각을 지배함으로써 집중력을 향상시켜 현재 선수가 놓인 위치에서 가장 적절한 행동을 하게 만들어준다.

A Clutch Hitter or Choke Hitter?

'클러치 히터'가 될 것인가, '초크 히터'가 될 것인가?

야구에는 결정적인 득점권 상황이라는 것이 존재한다. 득점권 상황은 주자가 2루나 3루 같은 스코어링 포지션에 있는 것을 말하며, 득점이 가능한 희생타나 안타 하나로 승부가 결정나는 순간이다. 이때 타석에서의 긴박감은 말로 하기 힘들 정도다. 이 상황을 지혜롭게 넘길 수 있는 정신력을 가진 타자는 '클러치 히터'로서 소위 '해결사'라는 타이틀을 얻게 된다. 그러나 긴장과 망설임으로 인해 제대로 된 타격을 수행하지 못한 타자는 '초크 히터choke hitter*', 즉 그날의 시합을 망친 '주범'으로 몰리게 된다.

　타자가 스윙의 타이밍을 맞추기 위해서는 공에 대한 판단만이 아니라 예측이 필요하다. 타자에게 주어진 시간은 고작 0.4초 미만, 게다가 공의 궤적을 볼

수 있는 거리도 한정되어 있다. 투수의 손을 떠난 공이 어떤 궤적을 그릴지는 상
대 팀의 투수와 포수만이 알고 있다. 이때 복잡한 생각으로 망설이게 되면 제대
로 된 스윙조차 해보지 못하고 타석을 떠나야 할지도 모른다. 가상의 상황을 설
정하고 선수들이 이때 어떤 마음가짐을 가져야 하는지 알아보자.

- 배트를 짧게 잡는 타자나 볼 카운트가 불리한 상황에서 배트를 짧게 잡는 것을 말한다. 하지만 여기서는 지나
  치게 긴장을 해서 자신의 기량을 제대로 발휘하지 못하는 타자를 일컫는 말이다.

선수 A와 선수 B의 심리 흐름도

선수 A의 팀은 8회 초 상대 팀에게 3 대 2로 뒤지고 있다. 그러나 노 아웃 1·2루의 찬스 상황이고 1점차 승부이기 때문에 안전하게 점수를 내기 위해 벤치에서 보내기 번트 사인이 나왔다. 선수 B의 팀은 8회 말 2 대 0으로 상대 투수에게 타선이 막혀 끌려가는 경기를 하고 있다. 현재 주자 상황은 원 아웃에 1루다. 이때 선수 A와 선수 B의 심리에 따라 경기 결과가 어떻게 달라질 수 있는지 살펴보자.

선수 A   선수 B

	선수 A	선수 B
나는 누구인가?	팀의 5번 타자다.	팀의 4번 타자다.
나는 무엇을 해야 하는가?	보내기 번트를 해야 하는데, 번트를 그리 잘 대는 편이 아니다.	득점을 위한 장타가 필요하다.
주자 상황은 어떤가?	노 아웃에 주자 1, 2루다.	원 아웃에 주자 1루 상황이다.
공을 어디로 보내야 하는가?	주자를 2·3루로 보내기 위해 3루수 라인 쪽으로 조금 강하게 번트 타구를 보낸다.	주자를 불러들이기 위해 공을 우익수 쪽으로 보내야 한다.
내가 노리는 공은 무엇인가?	스트라이크 존으로 들어오는 패스트볼을 노린다. 그런데 투수의 공이 너무 빨라서 번트를 대야 할지 페이크 번트로 작전을 변경해야 할지 혼란스럽다.	장타를 위해 가운데에서 몸쪽으로 몰리는 패스트볼을 기다린다.

| 결과 | ➡ 포수 쪽 파울 플라이로 아웃   ➡ 우월 동점 홈런

더 좋은 타자가 되려면
타자의 심리학

이 흐름도는 실제 경기에서 벌어졌던 극단적인 두 가지 상황을 정리한 것이다. 선수 A는 중요한 순간에 결정을 내리지 못하고 작전대로 번트를 댈까, 아니면 페이크 번트로 전환할까 망설이다가 준비 자세가 늦어졌다. 결국 둘 중 어떤 결과로도 연결시키지 못하고 포수 파울 플라이로 물러나 시합을 망친 원흉이 되었다. 선수 B는 구체적인 결과를 위해 단순히 한 가지만 생각하고 실행했기 때문에 좋은 결과로 이어질 수 있었다.

타석에 들어서기 전에 결과를 먼저 떠올리는 것이 반드시 나쁜 것은 아니다. 그러나 여기서 중요한 것은 긍정적인 생각이다. 다른 말로 '자신감'이라고 표현해도 된다. '이 중요한 상황에 내가 성공시키지 못하면 큰일이다'라는 불안한 마음으로 좋지 않은 결과를 떠올리면 몸이 위축되고 본인의 좋았던 스윙을 하기 힘들어진다. 긍정적인 결과를 떠올리며 가벼운 마음으로 타격에 집중하는 것이 성공 확률을 높여줄 수 있다.

Making a Note

수첩
만들기

타격 후의 복기는 타석에 들어서기 전의 준비만큼이나 중요하다. 나쁜 타격을 했을 때 각각의 원인을 분석해 기억하면 다음 타석에서의 실수를 줄여나갈 수 있다. 스윙을 하는 타이밍이 늦었다든지, 노렸던 공이 아니라 다른 공이 들어왔다든지, 생각했던 것보다 투수의 공이 빨랐다든지 등의 이유를 파악하여 꼼꼼히 분석한다.

이때 기억해야 할 것은 좋은 타격을 했을 때도 이런 분석이 똑같이 이루어져야 한다는 것이다. 공에 대한 타이밍이 좋았다든지, 생각하고 있던 공이 들어왔다든지 등 스윙이 매끄럽게 잘된 원인과 투구의 회전과 변화에 대한 느낌을 상세히 기억했다가 다음 타석에 활용할 수 있도록 해야 한다. 한 번의 타석이나 경기 후에는 다음의 사항들에 대해 항상 스스로 대답한 후 메모하는 습관을 기르자.

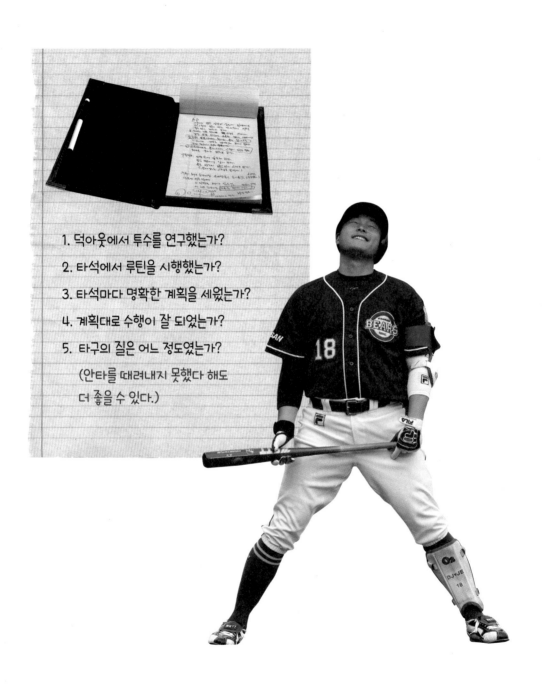

1. 덕아웃에서 투수를 연구했는가?

2. 타석에서 루틴을 시행했는가?

3. 타석마다 명확한 계획을 세웠는가?

4. 계획대로 수행이 잘 되었는가?

5. 타구의 질은 어느 정도였는가?
   (안타를 때려내지 못했다 해도
   더 좋을 수 있다.)

Slump, Unwelcome Guest

타자들의 불청객,
슬럼프

슬럼프는 어느 날 갑자기 찾아온다. 선수 본인도 슬럼프가 왜 찾아온 것인지 그 원인을 확실히 알 수 없을 때가 많다. 그러나 슬럼프는 대체로 체력이 떨어지거나 외적으로 복잡한 상황이 생겨 야구에 집중할 수 없을 때 발생한다. 그리고 좋은 성적을 올려야 하는 부담감으로 정신적 압박을 받을 때나, 자신에 대한 믿음이 부족하여 소심해질 때 찾아오기도 한다. 반면 컨디션이 지나치게 좋아서 슬럼프가 오는 경우도 있다. 현재 상태가 너무 좋아서 폼을 그대로 유지하고 싶다는 생각을 하다 보면 반대로 부정적인 결과가 나타나기도 하고, 장타에 욕심을 내다가 스윙이 커져서 폼이 무너지기도 한다.

슬럼프에 빠졌다는 생각이 들면 먼저 기술적으로 잘못된 점은 없는지 자신의 타격폼을 분석함으로써 변화를 시도해야 한다. 이 방법으로 다음 시합에서 효과를 보게 된다면 바로 슬럼프에서 벗어날 수 있지만 좀처럼 결과가 좋아지지 않으면 계속해서 다른 방법을 동원하게 된다. 그러나 이런 경우 타격폼이 수

시로 바뀌다가 오히려 기본기에서 멀어지는 결과를 초래할 수도 있으므로 주의가 필요하다.

또한 정상적인 스윙을 하고 있음에도 확신이 서지 않아 계속 자세를 바꾸려 드는 선수들도 있다. 연습량이 늘어나고 체력이 고갈되는 악순환이 거듭되면 혼자 보내는 시간이 많아지고 심리적으로 위축되어 오히려 슬럼프가 길어질 수 있다. 특히 사고가 깊고 생각이 많은 선수는 슬럼프가 한 번 시작되면 장기간 벗어나지 못하는 경향이 있다. 반면 성격이 단순하고 크게 고민하지 않는 선수는 슬럼프가 찾아와도 단기간에 쉽게 이겨내곤 한다.

슬럼프를 극복하는 방법

▶ 단순하게 생각한다.

가장 기초적인 계획을 세우고 그것에 매달린다.

▶ 맞히는 것에 집중한다.

타자의 임무는 정확히 때려내는 것이다. 타구가 좋은 수비에 걸려 아웃이 되는 것은 본인이 조절할 수 없는 영역이다. 강하고 정확하게 때려내는 과정에 집중하는 것이 중요하다.

▶ 슬럼프에 빠졌다고 쉽게 단정 짓지 않는다.

계속해서 좋지 않다는 생각을 하면 정말로 잘 못하게 된다.

▶ 팀 동료에게 용기를 주는 역할을 의식적으로 한다.

이것은 동료를 돕는 행위도 되지만 본인도 슬럼프에 대한 생각을 잊고 용기를 얻는 좋은 방법이 될 수 있다.

▶ 적게 시도한다.

슬럼프에 빠졌을 때 타자들이 가장 많이 범하는 오류는 너무 많이 치려고 하는 것이다. 이때는 적당히 연습을 한 후 기분 전환을 하는 것이 좋다. 체력이 떨어지거나 스윙이 좋지 않은 상태에서 맹목적으로 많은 연습을 하면 오히려 상황이 악화된다.

“ 타격이란 실패를 극복하는 과정이다. 코치들은 선수를
달랠 때 흔히 '좋은 타자는 열 번에 세 번만 성공하면 된다'고
이야기한다. 그러나 시도한 것에서 반 이상의 실수를 하고서도
그것이 정상적인 것임을 이해하고 다시 시도하기란 생각만큼
쉬운 일이 아니다. 따라서 얼마나 많은 안타를 쳤는지에 초점
을 맞추지 말고, 어떻게 쳤는지에 관심을 가짐으로써 타격의
리듬을 일정하게 유지하는 것이 중요하다. ”

연습보다
중요한 것은 없다

Importance of Constant Practice

꾸준한 연습의
중요성

진정한 노력은 배신하지 않는다고 했던가? 아무리 타고난 신체 조건을 가지고 있어도 연습을 게을리한다면 좋은 타자가 될 수 없다. 좋은 결과를 얻으려면 시합과 같은 집중력을 가지고 꾸준히 연습할 수 있는 인내와 끈기가 필요하다. 간단하면서도 성과를 높여줄 수 있는 몇 가지 연습 방법을 소개한다.

더 좋은 타자가 되려면
연습보다 중요한 것은 없다

Correction of Stride Width

스트라이드
보폭 교정

간혹 스트라이드 시 보폭이 지나치게 넓은 선수들이 있다. 이런 선수들의 자세
교정에는 스탠스 자세에서 한 족장 정도 스트라이드를 하게 한 후 양 발목에 끈
을 묶고 연습하는 것이 효과가 있다. 이때 주의할 것은 스트라이드 후에 스윙을
하게 하는 것이다. 스트라이드와 동시에 스윙을 하면 보폭이 넓어져 밸런스를
잡기 힘들고 넘어질 우려가 있다.

　스윙의 강도는 처음에는 약하게 하다가 익숙해지면 점차 강하게 바꾼다. 이
는 짧고 부드러운 스트라이드 자세를 습득하게 만들어 간결하고 강한 스윙을
할 수 있도록 도와준다. 근육이 무의식적으로 이 동작을 기억하도록 반복해야
효과를 볼 수 있다.

스트라이드 보폭 교정

Toss Batting

토스 배팅

더 좋은 타자가 되려면
연습보다 중요한 것은 없다

측면 토스

파트너가 네트 옆에서 토스해주는 공을 타격하는 방법이다. 손쉬운 데다가 짧은 시간에 많은 스윙을 할 수 있어 대부분의 선수들이 시합 전 연습으로 간편하게 실시하고 있다.

하지만 이런 연습을 매일 반복하면 자신도 모르는 사이에 상체 의존도가 높은 아웃사이드-인 스윙만이 몸에 익숙해지고 컨택트 존이 좁아지는 나쁜 습관이 생길 가능성이 있다. 또한 짧은 거리에서 토스를 해주기 때문에 한 구 한 구 완벽하게 체중을 실어 치기도 어렵다. 간혹 스윙 타이밍이 늦어지면 토스하는 사람에게 타구가 날아갈 가능성이 있어 급하게 상체 위주의 타격을 하게 되므로 타자의 리듬에 맞추어 한 구씩 완벽하게 치는 것이 중요하다.

옆에서 토스하는 방법

정면 토스

투수를 정면으로 볼 수 있는 방향에서 토스해주는 방법이다. 체중을 이동시키면서 엉덩이와 몸통 회전을 이용한 힘 있는 타격이 가능하다. 실전과 같이 파트너의 동작에 리듬과 타이밍을 맞추고 속도 조절을 요구하거나 다양한 코스에 대한 연습이 가능하다. 스윙은 투수와 중견수 쪽을 기본으로 하지만, 좌·우로 밀고 당길 수 있다는 장점이 있다. 타격의 기본기를 습득하기 좋은 방법이다.

정면에서 토스하는 방법

후면 토스

기본적인 타격 자세를 잡고 고개를 돌려 파트너가 있는 뒤쪽을 보고 준비한다. 파트너가 약 5미터 뒤쪽에서 홈 플레이트 앞으로 지나가도록 공을 던져주면 시선을 이동시키면서 공이 타격 포인트에 이르렀을 때 때려낸다. 공을 안쪽에서 바깥쪽으로 밀어치는 능력을 키워주며, 순발력과 스윙 스피드를 향상시키고 공에 대한 반응을 민첩하게 해준다.

뒤에서 토스하는 방법

Free Batting

프리 배팅

실전과 같은 시합 전 연습으로 모든 야구 팀이 배팅 연습을 하기 위해 채택하는 방법이다. 타자가 원하는 구종을 투수나 배팅볼 투수에게 던지게 하여 연습할 수 있다. 변화구에 약점이 있는 타자는 변화구를 치는 연습을 한다.

이때는 강하게 멀리 치는 위주의 연습보다 본인이 보내고 싶은 지역으로 타구를 향하게 하는 연습을 하는 것이 좋다. 즉 스윙의 궤도와 기본기를 체크하고 감각을 익히면서 타격감을 끌어올리는 것이 중요하다. 강타자로 잘 알려진 푸홀스도 프리 배팅 연습 때는 철저히 기본기 위주로 밀어치는 것을 볼 수 있었다.

Tee Batting

티 배팅

그물망 앞에 티를 설치

선수가 원하는 높고 낮은 코스와 인·아웃코스에 따라 티의 위치를 정하고 스윙
을 체크해볼 수 있는 좋은 연습 방법이다. 본인이 부족하다고 생각하는 코스에
서 빠르거나 느린 스윙이 가능하고, 리듬－체중 이동－컨택트를 자유롭게 조절
할 수 있다. 파트너가 없이도 얼마든지 연습을 할 수 있으며, 스윙의 궤도나 컨택
트 존의 정확한 체크가 가능하다.

선수가 원하는 코스에 티를 설치한다.

티를 두 개 설치

티를 두 개 설치하여 스윙의 레벨을 높여주고, 컨택트 존을 넓게 만들어 팔을 뻗는 동작을 향상시키는 연습 방법이다. 첫 번째 티는 앞다리 쪽에 몸과 90도 각도가 되는 컨택트 지점에 두고, 두 번째 티는 첫 번째 티에서 40센티미터 정도 앞에 설치하는 것이 적당하다. 스트라이크 존 안에서 공의 높낮이를 타자가 원하는 만큼 조절할 수 있어 편리하다. 두 번째 티를 첫 번째 티와 같은 높이로 하거나 조금 높여주는 것도 좋은 방법이 될 수 있다. 첫 번째 공은 톱 핸드를 L자형으로 구부려서 때리고, 두 번째 공은 톱 핸드를 펴서 때려야 한다.

약 40센티미터 간격으로 티를 두 개 설치한다.

Practice for Swing Path

스윙의 궤적을
넓혀주는 연습 방법

타자로부터 각각 1미터, 3미터, 5미터 위치에 타깃을 두고 배트의 중심이 그 지점을 지나가도록 스윙을 한다. 이 연습은 팔을 뻗는 능력과 공을 맞히는 능력을 향상시켜 스윙의 파워를 길러주고 스윙 스피드를 빠르게 하여 공을 맞힐 수 있는 범위를 넓히는 데 효과가 있다. 중요한 것은 스윙을 할 때 실제로 치는 것과 같은 느낌으로 배트가 타깃 지점을 지나가야 한다는 것이다.

이때 손과 팔은 뻗되 몸은 뒤로 유지하고 앞으로 따라 나가지 않게 한다. 1미터에서 완벽하게 스윙이 이루어지면 다음으로 3미터에서 스윙을 하고, 차차 그 길이를 5미터로 늘려간다. 마지막에는 타깃 없이 스윙 연습을 하며 마무리 한다. 투수 방향인 가운데로 완벽하게 스윙이 된다면 타깃을 오른쪽 – 왼쪽으로 조금씩 옮겨서 실행하는 것도 좋다.

1미터

3미터

5미터

Practice for Decision

판단력을 향상시키는
연습 방법

일반 공 풀 스윙을 한다

더 좋은 타자가 되려면
연습보다 중요한 것은 없다

빨간색, 파란색으로 색깔을 표시한 공과 일반 공을 준비하고, 공의 색에 따라 다른 궤적을 그리도록 타격 연습을 하는 방법이다. 빨간색 공일 경우에는 공을 그냥 보낸다. 파란색 공은 밀어치고, 흰색 공은 풀스윙을 한다. 타자의 배트 컨트롤 능력을 키워주는 데 가장 효과적인 연습 방법이며, 집중력과 순발력을 향상시켜 준다. 또한 타자가 어떤 공인지 빨리 판단하게 만들어주어 판단력과 결정력 향상에 도움을 준다. 비슷한 방법으로 숫자가 써진 공을 이용하는 것도 좋다.

빨간색 공 그냥 보낸다.　　　　　　　　파란색 공 밀어친다.

Practice for Swing Speed

스윙 스피드를
향상시키는 연습 방법

먼저 무거운 배트로 10~20번 정도 스윙을 시작하고, 그 다음에 가벼운 배트, 마지막으로 시합용 배트를 사용해 연습하는 방법이다. 이때 스윙의 스피드를 서서히 높이면서 마지막 스윙은 가장 빠르게 하고 끝낸다. 스윙의 파워를 길러 주고 스피드를 향상시켜 주지만, 시합 전에는 금하는 것이 좋다. 무거운 방망이로 무리하게 스윙 연습을 하면 근육이 타이트해져 스윙의 유연성이 떨어지므로 주로 오프 시즌에 활용하는 것이 바람직하다.

무거운 배트

1

시합용 배트

3

가벼운 배트

2

Practice Using a Paper Ball

종이공을
이용하는 방법

화장지(일반적으로 크리넥스 한 장을 사용)와 테이프를 이용해 탁구공보다 조금 큰 소프트한 공을 만들어 타격하는 방법이다. 좁은 공간에서도 부상의 위험 없이 안전하게 연습이 가능하다. 10미터 정도의 협소한 공간에서도 실전과 유사하게 빠른 공을 던질 수 있어 타자들이 빠른 판단을 하지 않으면 제대로 공을 때려내기 힘들다. 공의 움직임이 있어 순간적인 판단력과 순발력을 길러준다. 주로 실내에서 많이 활용하는 방법이다.

더 좋은 타자가 되려면
연습보다 중요한 것은 없다

Basic Training for Children

유소년 선수들의 기본기 습득

네트 앞에 티를 설치하고 타격하는 방법으로 유소년들의 기본기를 잡아줄 때 주로 사용한다. 타격 자세를 취하게 한 후, 하나에 '스트라이드'를 딛고, 둘에 '어프로치'(하체가 상체보다 먼저 사용된다는 것을 몸으로 인식)해서, 셋에 '컨택트'한다. 이 연습 방법은 초보자들이 스윙의 기본기를 익힐 때 하체부터 준비 자세를 만들고 대퇴근과 허리근을 사용하는 타격의 메커니즘을 깨닫게 해준다. 유소년 시절에 기본기를 잘 습득해야 성장한 후 고생하지 않는다.

스탠스 ──────────────────────→ 스트라이드 ──────────────────────→

더 좋은 타자가 되려면
연습보다 중요한 것은 없다

어프로치 ————————————▶ 컨택트 ————————————▶

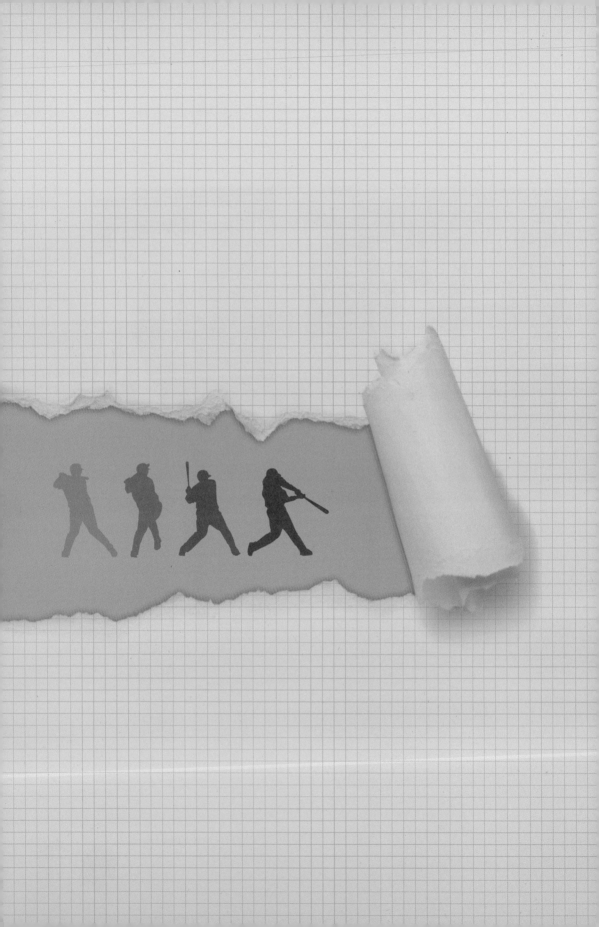

4장

타자 분석

우수하고 다양한 특징을 가진 선수들을 선별해 분석하고자 한다.

앞서 설명한 타격 메커니즘을 떠올리면서 선수들의 동작을 하나하나 살펴보자.

평소 같으면 의미를 두지 않았을 동작이 어떤 결과를 가져올지

꼼꼼하게 살피는 재미를 느낄 수 있을 것이다.

구자욱

출생 : 1993년 2월 12일

신체 : 189cm, 75kg

소속팀 : 삼성라이온즈(내야수/우투좌타)

출신교 : 본리초–경복중–대구고–삼성–상무

통산성적(~2017) : 경기(368), 타율(0.332), 안타(465), 홈런(46), 타점(241),
도루(37), 볼넷(163)

현대 트렌드에 맞는 어슬레틱스 스탠스 자세를 취하고 있는 구자욱 선수는 스탠스 자세에서 투수의 릴리스 순간부터 컨택트까지 흐트러짐 없이 볼을 잘 추적하는 시선 처리의 선구안 능력을 보여주고 있다. 체중을 뒷다리에 실어 옮길 때 뒷다리가 굳건하게 잘 버티어주고 앞으로 스트라이드할 때도 밸런스를 잘 유지하면서 상·하체의 분리가 이루어져 발사 위치인 히팅 포지션도 잘 구축되고 있다. 체중을 뒷다리에 가지고 볼을 끝까지 끌어들여서 치는 컨택트 능력과 유연한 허리의 회전력 그리고 손과 배트의 협응력이 뛰어난 배트 컨트롤 능력이 높은 타율을 유지하게 한다. 컨택트 시 뒷다리가 프리족이 되도록 체중을 타구에 실어주는 것이 예술에 가까운 완벽한 스윙을 했다는 증거를 보여주고 있다.

타격부분에 있어서 KBO리그 톱 클라스 반열에 항상 거론되는 타자로 기대를 갖는 선수다.

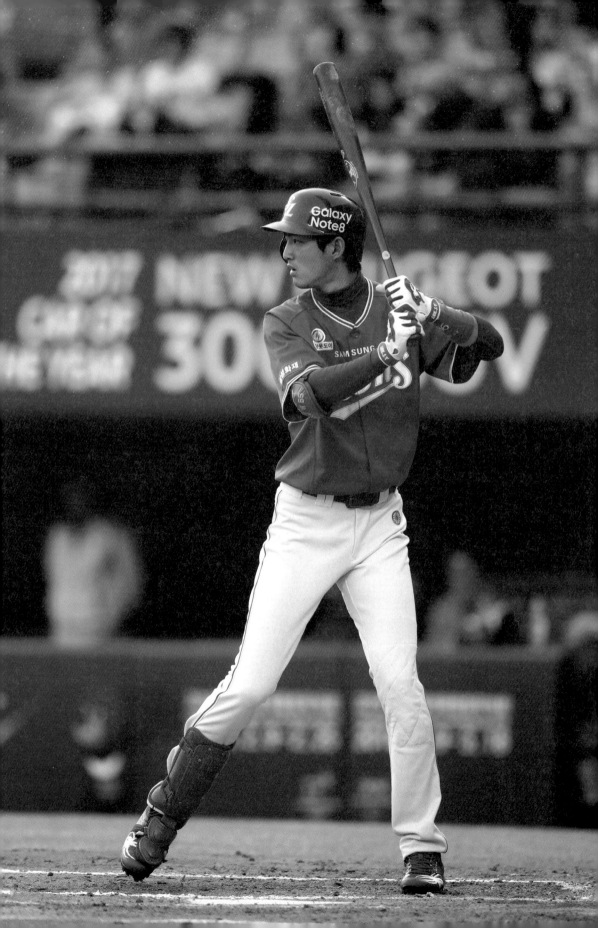

체중 싣기 (연속 동작 1, 2, 3)

레그킥으로 체중을 뒷다리로 옮겨 실으며 뒷다리가 굳건하게 잘 버텨준다. 엉덩이가 강하게 꼬임이 생길 정도로 체중을 실을 때 엉덩이를 앞쪽으로 밀어준다.

스트라이드 (연속 동작 4, 5, 6)

엉덩이를 미리 옮겨 꼬고 있기 때문에 앞다리로 스트라이드를 한다. 앞·뒤로 쏠림이 없이 뒷다리가 굳건하게 버티어주는 스트라이드 자세가 안정감이 있다.

어프러치 (연속 동작 7, 8)

뒷무릎과 양팔이 몸에 붙어서 어프로치하는 좋은 기본기의 자세다.

컨택트 (연속 동작 9, 10, 11, 12)

앞다리 회전축과 유연한 회전 동작 그리고 투구에 일직선으로 손 라인하는 컨택트 능력, 흔들리지 않는 헤드다운의 선구 능력, 투수를 향한 90도 컨택트 능력 뒷다리 프리족 사용으로 타구에 체중을 실어주는 우수한 타자다.

릴리스 (연속 동작 13, 14)

앞다리가 단단히 버티어주고 양팔이 트라이 앵글 자세로 완벽하게 릴리스하고 있다. 뒷무릎이 앞무릎에 가까이 위치하여 타구에 끝까지 힘을 실어줄 수 있다.

팔로 스루 (연속 동작 15, 16)

끝까지 하체의 자세가 흐트러짐 없이 버티어주는 능력과 스윙의 아크를 크게
유지하며 하이 피니스로 스윙을 마무리하고 있다.

①, ②, ③ 체중 싣기 ──────▶ ④, ⑤, ⑥ 스트라이드 ──────▶ ⑦, ⑧ 어프로치 ──────▶

구단별 선수 분석
구자욱_ 삼성라이온즈

⑨, ⑩, ⑪, ⑫ 컨택트 ——→ ⑬, ⑭ 릴리스 ——→ ⑮, ⑯ 팔로 스루

김하성

출생 : 1995년 10월 17일

신체 : 175cm, 76kg

소속팀 : 넥센히어로즈(내야수/우투우타)

출신교 : 부천북초-부천중-야탑고

통산성적(~2017) : 경기(485), 타율(0.288), 안타(431), 홈런(64), 타점(278),
도루(70), 볼넷(182)

KBO리그에서 가장 공격적인 스윙 메커니즘을 보여주는 대표적인 타자다.

50 대 50의 어슬레틱스 스탠스와 배트를 높게 들고 있는 그립 자세의 스탠스를 취한다. 투구에 맞추어 바로 레그킥 스트라이드를 하는 과감한 타격을 한다. 그럼에도 상·하체의 안정된 밸런스를 유지해좋은 타격 결과를 만들어낸다.

다만 스탠스 자세의 높은 그립 위치와 어프러치 시 뒷다리가 붙어 있어 간혹 상체가 앞으로 쏠리는 단점이 있다. 그것을 젊음과 재능 그리고 과감한 공격적인 타격 자세가 모든 우려를 해소시킨다. 투구를 잘못 판단했을 때도 뛰어난 배트 컨트롤과 임기응변으로 타구를 앞으로 날려 보내는 능력이 있다.

스탠스 (연속 동작 1)

그야말로 투수를 향해 편안하게 서있는 자세다.

체중 싣기 (연속 동작 2, 3, 4, 5)

특별한 꼬임 없이 레그킥으로 체중을 띄우고 싣는다.

스트라이드 (연속 동작 4, 5, 6, 7, 8, 9, 10)

스트라이드 시 과감하게 엉덩이를 이동시키고 뒷공간과 상·하체의 분리동작을 만들어 전형적인 공격형 타자의 유형을 보여준다.

어프로치 (연속 동작 11)

앞무릎을 유연하게 굽혀서 잘 사용할 수 있는 자세다. 뒷다리 뒤꿈치가 지면에 붙어 있는 모습이 옥에 티다.

컨택트 (연속 동작 12, 13)

스탠스 자세에서 높게 들고 있는 그립과 어프로치 동작에서 뒷다리 뒤꿈치가 지면에 붙어 있는 자세가 하체의 보폭을 넓게 만드는 원인이 되고 배트의 궤적을 크게 만든다. 하지만 공격적인 타격 유형이 모든 약점을 커버하는 컨택트 능력을 가진 타자다.

릴리스 (연속 동작 14, 15)

빠른 타이밍을 배트를 던져서 릴리스 하는 배트 컨트롤 능력을 보여주고 있다.

구단별 선수 분석
김하성_ 넥센히어로즈

팔로 스루 (연속 동작 16, 17)

타이밍 빠른 스윙의 기본을 보여주는 팔로 스윙, 손목을 쓰지 않고 배트를 투구의 방향으로 던져주는 모습

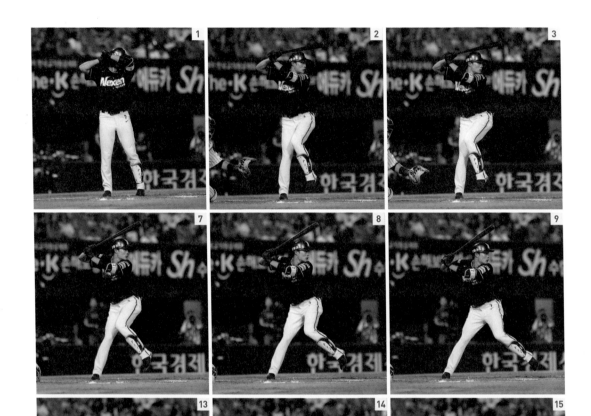

① 스탠스 ➔ ②, ③, ④, ⑤ 체중 싣기 ➔ ⑥, ⑦, ⑧, ⑨, ⑩ 스트라이드 ➔ ⑪ 어프로치 ➔

구단별 선수 분석
김하성_ 넥센히어로즈

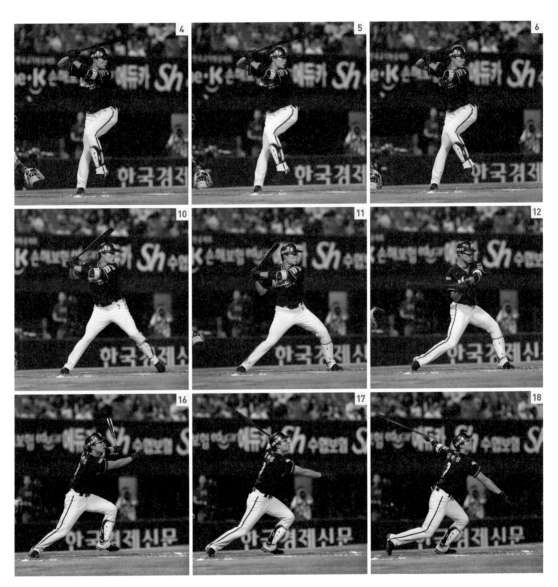

⑫, ⑬ 컨택트 ——→ ⑭ ⑮, 릴리스 ——→ ⑯, ⑰, ⑱ 팔로 스루

김재환

출생 : 1988년 9월 22일

신체 : 183cm, 90kg

소속팀 : 두산베어스(외야수/우투좌타)

출신교 : 영랑초-상인천중-인천고-두산-상무

통산성적(~2017) : 경기(435), 타율(0.306), 안타(425), 홈런(85), 타점(283),
도루(18), 볼넷(190)

간결하고 빠른 스윙과 힘을 바탕으로 호쾌한 타격을 보여주는 대표적인 타자다.

어깨 넓이의 보폭과 낮고 편안하게 배트를 들고 있는 그립 자세가 교과서적인 스탠스 자세다. 군더더기 없는 간결한 스트라이드는 볼을 잘 선구하기 위해서다. 김재환 선수의 장점은 늦은 타이밍을 극복하기 위해 회전 동작에서 보여주는 양팔의 팔꿈치가 몸에 붙어서 회전하는 최고의 능력이다. 이 능력은 짧게 회전해서 컨택트 이후에 스윙의 궤적을 크게 가져가 KBO리그 인플레이 타구 평균 타구 스피드가 제일 빠른 선수로 등록되었다.

스트라이드 시 좀 더 공격적인 모습을 보인다면 OPS에서 더 뛰어난 성적과 위협적인 타자가 될 것이라고 생각한다.

동시화 (연속 동작 1)

스탠스 자세에서 동시화 작업으로 체중을 뒤로 실어주기 직전 자세

체중 실기 (연속 동작 2, 3)

앞무릎을 끌어서 뒷다리로 체중을 실어주며 가운데 균형을 잘 잡고 있다. 그 립을 낮게 들고 상·하체의 안정적인 자세를 보인다.

스트라이드 (연속 동작 4, 5, 6, 7)

늦은 체중이동과 조심스러운 스트라이드를 보여주고 있다. 하지만 엉덩이와 파워 포지션을 잘 옮겨놓은 모습이 좋아 보인다. 상·하체의 분리동작과 히팅 포 지션을 낮게 안정적으로 배트를 들고 있는 그립이 최대의 장점이다.

어프로치 (연속 동작 8, 9)

어프로치 직전이지만 하체의 스타트가 이루어지지 않고 있다. 하지만 관성의 법칙에 따라 양팔이 몸에 잘 붙어서 스타트하고 있다.

컨택트 (연속 동작 10, 11, 12)

짧고 간결하게 상체와 하체의 회전이 되고 있다. 양팔이 몸에 붙어서 회전하 는 모습이 완벽하다. 앞다리를 단단하게 회전축으로 버티어주는 능력, 양팔이 몸에 붙어서 컨택트하는 능력, 짧은 회전 능력의 기본기를 보여주는 파워풀한 타자다.

구단별 선수 분석
김재환_ 두산베어스

릴리스 (연속 동작 13, 14)
앞발 뒤꿈치로 버티어주는 능력과 탑핸드 견갑골을 사용하는 강력한 파워와 스윙의 궤적을 크게 트라이 앵글로 뻗어주는 자세다.

팔로 스루 (연속 동작 15, 16)
팔로 스윙을 끝까지 힘 있게 가져가는 우수한 타자다.

① 동시화 ──────▶ ②, ③ 체중 싣기 ──────▶ ④, ⑤, ⑥, ⑦ 스트라이드 ──────▶ ⑧, ⑨ 어프로치 ──────▶

구단별 선수 분석
김재환_ 두산베어스

⑩, ⑪, ⑫ 컨택트 ──────▶ ⑬, ⑭ 릴리스 ──────▶ ⑮, ⑯ 팔로 스루

정근우

출생 : 1982년 10월 2일

신체 : 172cm, 75kg

소속팀 : SK와이번스(내야수/우투우타)

출신교 : 성북초-부산동성중-부산고-고려대

통산성적(~2011) : 경기(752), 타율(0.310), 안타(819), 홈런(42), 타점(296),
도루(219), 볼넷(273)

통산 타율이 3할 1푼 이상으로 정확성이 뛰어난 편이고, 도루도 매년 20개 이상 기록하며 호타준족을 자랑한다. 출루율이 높고 타석당 투구 수 3.47개로 빠른 승부를 즐기는 근성과 투지로 뭉친 선수다. 국가대표 2루수로서 수비, 주루, 공격의 3박자를 갖췄다고 할 수 있다. 2루타 개수가 많고 장타율도 높았으나 최근에는 조금 떨어지는 추세를 보이고 있다.

 컨택트형 타자지만 C존에서 타격을 하고, 신장이 작은 편이지만 낮은 공보다 높은 공을 선호한다. 좌측으로 끌어치는 장점이 있고, 상대 투수가 바깥쪽으로 승부를 할 때는 바깥쪽을 노려서 밀어치는 능력이 있다. 하체부터 상체로 연결되는 타격 메커니즘이 우수하고 뒷스윙이 간결하여 앞스윙만으로 컨택트의 정확성을 높이는 타자다.

스탠스 (연속 동작 1)

안정감 있는 보폭으로 무릎을 굽혀서 낮은 자세를 취하고 있으며, 그립을 높게 하여 배트를 세워 들고 있다.

체중 싣기 (연속 동작 2, 3)

스탠스 자세에서 앞뒤로 큰 중심 이동 없이 체중을 뒷다리에 잘 실어 앞다리로 옮기기 때문에 하체를 이용한 간결한 스윙을 할 수 있다.

스트라이드 (연속 동작 4, 5, 6, 7)

뒷다리에 실은 체중을 잘 유지하면서 앞다리로 이동시키는 균형 감각이 좋고, 스트라이드 착지 시 앞무릎을 유연하게 사용하는 것이 돋보인다. 상체와 고개를 중심선 뒤쪽으로 잘 유지하고 있다. 다른 선수와 비교하면 히팅 포지션이 높아 보일 수도 있겠지만, 척추를 세워 신체 조건에 어울리는 분리 동작을 잘하고 있다고 여겨진다.

어프로치 (연속 동작 8, 9)

뒷무릎부터 스타트하고 있어 바람직하다.

컨택트 (연속 동작 13, 14)

높은 공에도 톱 핸드가 V자를 잘 유지하고 있다. 보텀 핸드가 약간 들려 있지만 볼의 궤적에 맞게 배트의 각도를 잘 위치시키고, 뒷다리의 어프로치가 잘 이루어져 높은 공을 무리 없이 앞쪽에서 컨택트하고 있다.

릴리스 (연속 동작 15, 16)

앞다리가 늦게 펴졌지만 단단히 버텨주고, 상체 스테이 백도 잘 이루어지고 있다. 톱 핸드의 견갑골도 잘 빠져나와 끝까지 좋은 릴리스를 해주고 있다.

팔로 스루 (연속 동작 17, 18)

앞발 끝이 들리지만 발뒤꿈치로 끝까지 잘 버티면서 톱 핸드를 눌러 마무리 해주고 있다.

① 스탠스 ──────▶ ②, ③ 체중 싣기 ──────▶ ④, ⑤, ⑥, ⑦ 스트라이드 ──────▶ ⑧, ⑨ 어프로치 ──────▶

구단별 선수 분석
정근우_ SK와이번스

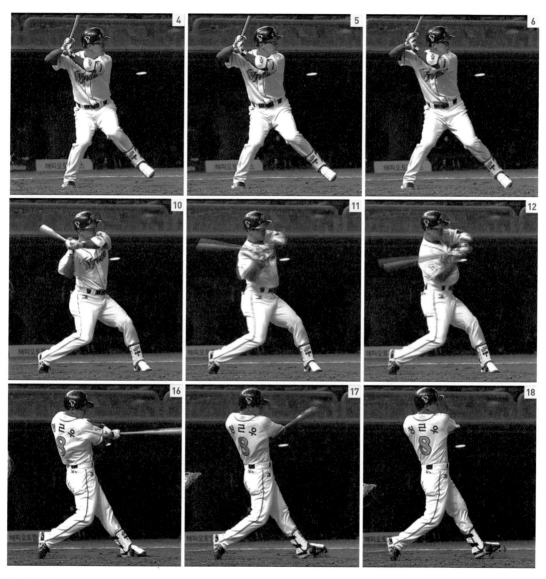

⑩, ⑪, ⑫ 비켜 빼기 ──▶ ⑬, ⑭ 컨택트 ──▶ ⑮, ⑯ 릴리스 ──▶ ⑰, ⑱ 팔로 스루

김현수

출생 : 1988년 1월 12일

신체 : 188, 100kg

소속팀 : 두산베어스(외야수/좌투좌타)

출신교 : 쌍문초-신일중-신일고

통산성적 (~2011) : 경기(621), 타율(0.324), 안타(720), 홈런(74), 타점(405),
　　　　　　　　　도루(33), 볼넷(335)

'4할도 못 치는 쓰레기'라는 농담을 들을 정도로 팬들의 기대를 한 몸에 받는 타격 머신이다. 연령이나 신체적인 조건 면에서 한국을 대표하는 타자로 메이저리그 입성에 가장 근접한 선수라고 생각한다. 그러나 최근 장타력을 보강하기 위해 변화를 시도하면서 시련기를 보내고 있는 것 같다. 예전과 같은 정확성도 떨어지는 느낌이고, 안정적이었던 폼이 흐트러지면서 장타력에서도 기대감을 충족시키지 못하고 있다. 이제는 다시 한 번 자신의 정체성을 정립해야 할 시기가 온 것 같다.

　　김현수는 B존을 사용하는 컨택트형 타자다. 하지만 장타를 위해서는 C존으로 컨택트 존을 변화시켜야 한다. 또한 체중 싣기 자세에서 상·하체를 동시에 비틀면서 꼬임을 만들기 때문에 중심선을 무너뜨리고 뒤쪽 외다리로만 체중을 싣는다. 무릎과 발끝을 포수 쪽으로 비틀어 들면 스트라이드 시 이동거리가 멀어지고 타이밍의 편차가 생겨 대퇴근과 허리근을 이용한 균형 잡힌 타격을 하

기 힘들어진다. 체중을 실을 때 중심선을 유지하고, 앞다리의 꼬임을 줄여 스트라이드 시 앞발을 전면 착지하면서 앞무릎을 유연하게 사용하면 타격 3관왕 도전도 가능하리라 본다.

체중 싣기 (연속 동작 2, 3, 4)

장타력을 늘리려고 미리 상체와 하체를 동시에 비틀어 꼬는 것이 단점으로 작용하고 있다. 무릎이 지나치게 포수 쪽으로 향하고 있어 외다리에 체중이 실리고, 몸이 전체적으로 투수 반대쪽으로 꼬여 있어 좌투수를 상대할 때 선구안에 지장을 초래할 수 있다.

스트라이드 (연속 동작 5, 6, 7, 8, 9)

앞발이 닫히면서 앞발 끝으로 착지하는 것이 공격적인 자세로의 연결을 어렵게 만든다. 또한 체중을 뒤쪽에 남기고 스트라이드하기 때문에 앞다리에 체중을 옮겼다가 무릎을 굽혀 펴는 SSC 동작도 이루어지기 힘들다. 힘 있는 타격을 위해서는 하체의 포지션이 트라이앵글 형태를 이루어야 한다.

어프로치 (연속 동작 10, 11)

뒷무릎이 톱 핸드의 팔꿈치보다 빨리 나오지 못하고 상체의 회전이 먼저 일어나고 있다.

컨택트 (연속 동작 13, 14)

앞다리가 너무 닫혀 있어 하체의 회전보다 상체와 손이 빨리 풀리고, 상체의 회전력으로만 공에 대응하고 있다. 보텀 핸드의 텐스와 톱 핸드의 L자형 포지션은 좋은 편이다. 낮은 공에도 앞발 끝이 들리고 있지만 뒤꿈치로 버티면서 컨택트해내는 능력이 놀랍다.

릴리스 (연속 동작 15, 16)
하체가 무너졌지만 상체에 의한 릴리스를 끝까지 해내는 집념을 보여주고 있다.

팔로 스루 (연속 동작 17, 18)
상체로 팔로 스루를 마무리하고 있다.

① 스탠스 ——▶ ②, ③ ④ 체중 싣기 ——▶ ⑤, ⑥, ⑦, ⑧, ⑨ 스트라이드 ——▶ ⑩, ⑪ 어프로치 ——▶

구단별 선수 분석
김현수_ 두산베어스

⑫ 비켜 빼기 ──────→ ⑬, ⑭ 컨택트 ──────→ ⑮, ⑯ 릴리스 ──────→ ⑰, ⑱ 팔로 스루

이용규

출생 : 1985년 8월 26일

신체 : 175cm, 70kg

소속팀 : KIA타이거즈(외야수/좌투좌타)

출신교 : 성동초-잠신중-덕수정보고

통산성적(~2011) : 경기(815), 타율(0.297), 안타(855), 홈런(12), 타점(241), 도루(180), 볼넷(326)

컨택트 성공률 1위 선수로 타석에서 투수에게 평균 4.10개의 많은 투구를 하게 만드는 타자다. 특히 상대가 용병 투수인 경우 더 위력을 발휘한다. 1번 타자로 출루율이 4할대에 가까운 국내 최고의 테이블 세터이며, 매년 20개 이상의 도루로 빠른 판단력과 센스를 보여주고 있다.

컨택트형 타자로 자신의 신체 조건에 맞는 야구를 할 줄 아는 선수다. 스탠스 자세에서 다리를 높게 들어 타이밍을 조절한다. 야수 사이로 안타를 만들어내는 능력도 있지만, 항상 인사이드-아웃 스윙을 할 수 있는 기본기와 준비 동작을 갖추고 있다. 컨택트 이후 릴리스까지 끊어치는 타격을 보여주는데, 타점이 필요한 경우 릴리스 자세에서 손목을 사용하지 말고 뻗어주는 스윙으로 연결하면 클러치 히터의 능력도 함께 보여줄 수 있을 것이라고 생각한다.

스탠스 (연속 동작 1)

신장에 비해 보폭이 넓은 편이지만 안정감이 있어 보인다. 그립은 높게 들고 있지만 배트를 짧게 잡는 영리함 때문에 잘 어울린다.

체중 싣기 (연속 동작 2, 3, 4, 5)

다리를 높게 들지만 무릎과 발끝이 살아 있고 본인이 다리로 타이밍을 조절할 수 있는 능력을 갖추고 있다. 체중을 뒷다리로 떠워서 옮기는 자세가 좋고, 뒤로 실어주는 힘과 받쳐주는 힘이 균형을 잘 이루고 있다.

스트라이드 (연속 동작 6, 7, 8)

하체의 트라이앵글이 잘 이루어져 있고, 상체의 히팅 포지션도 군더더기 없이 좋다. 손목의 코킹도 풀리지 않게 잘 유지하고 있다. 체구에 비해 보폭이 약간 넓은 것이 부담스러울 수 있지만 대체적으로 이상적인 스트라이드를 하고 있다.

어프로치 (연속 동작 9, 10)

뒷무릎의 스타트도 적절하고 양 무릎이 가깝게 접근하고 있는 이상적인 어프로치 자세다.

컨택트 (연속 동작 12, 13)

스트라이드 보폭이 넓어 하체보다 상체 회전이 빠르게 이루어지고 있다. 앞발 끝이 들리지만 앞무릎의 텐스가 잘 이루어져 단단히 버텨주며, 넓은 보폭이지만 양 무릎 사이가 가까워 밸런스가 좋다. 또한 톱 핸드의 견갑골이 잘 들어와 팔꿈치가 V자에서 L자로 바뀌며 무난히 컨택트하고 있다.

릴리스 (연속 동작 14, 15)

상체의 트라이앵글이 무난히 잘 이루어지고 있지만, 톱 핸드로 스윙을 끊어주는 모습이 보인다. 이용규는 짧은 타구로 공이 야수들 사이를 빠져나가게 만드는 재주가 있다.

팔로 스루 (연속 동작 16, 17, 18)

스윙을 끝까지 가져가지 않고 릴리스 동작에서 짧게 끊어치기 때문에 실제로는 팔로 스루를 하지 않는다고 볼 수 있다.

① 스탠스 ——→ ②, ③, ④, ⑤ 체중 싣기 ——→ ⑥, ⑦, ⑧ 스트라이드 ——→ ⑨, ⑩ 어프로치 ——→

구단별 선수 분석
이용규_ KIA타이거즈

⑪ 비켜 빼기 ———→ ⑫, ⑬ 컨택트 ———→ ⑭ ⑮ 릴리스 ———→ ⑯, ⑰, ⑱ 팔로 스루

최진행

출생 : 1985년 8월 17일

신체 : 188cm, 100kg

소속팀 : 한화이글스(외야수/우투우타)

출신교 : 동원초-청량중-덕수정보고-방송통신대

통산성적(~2011) : 경기(367), 타율(0.253), 안타(295), 홈런(62), 타점(213),
도루(10), 볼넷(140)

한 시즌에 30홈런 이상을 기록할 수 있는 전형적인 파워 히터다. 아직까지는 헛스윙이 많지만 서서히 변화구에 적응하기 시작했다. 커브에 강점이 있으며, 카운트가 불리해지기 전에 빠른 승부를 즐긴다. 그러나 출루율이 3할대 초반이기 때문에 출루율을 높이는 숙제를 해결해야 한다.

헛스윙이 많아지다 보니 공을 뒤쪽으로 끌어들여 치려는 마음에 체중을 미처 앞으로 다 이동시키지 못한 상태에서 급하게 스윙을 한다. 그 때문에 파워 히터임에도 C존에서 컨택트하지 못하고 항상 늦은 B존에서 컨택트하여 힘으로 넘기는 모습을 보인다. 힘이 있고 스윙 스피드도 빠른 편이므로 헛스윙에 대한 두려움을 없애고, 엉덩이를 앞쪽으로 옮겨 하체의 밸런스를 트라이앵글 형태로 만들어 파워 존을 활용한다면 최고의 장거리 타자가 될 수 있을 것이다.

체중 싣기 (연속 동작 1, 2, 3)

체중을 실을 때 중심선이 뒤쪽으로 이동하는 느낌이 들 정도로 뒤쪽에 치우쳐 있다. 하체와 상체의 중심선을 유지하고 엉덩이를 가운데로 옮겨 하체 트라이앵글의 균형이 잘 이루어질 수 있도록 해야 한다. 뒷다리의 대퇴부에 체중을 실어 앞다리로 옮기면 정확성과 파워가 더 좋아질 것이다.

스트라이드 (연속 동작 4, 5, 6, 7)

엉덩이를 옮겨 뒤쪽에 공간을 만들지 못하고, 스트라이드가 늦어 파워 존의 회전을 급하게 만든다. 또한 앞발 끝으로 스텝을 하기 때문에 앞다리에 체중을 원활하게 전달하지 못하고 앞무릎도 유연하게 뻗을 수 없다. 앞발을 전면 착지해 중심선이 가운데에 구축되면 훨씬 더 편하게 타격을 할 수 있을 것이다.

어프로치 (연속 동작 8, 9)

무난하지만 전체적으로 타이밍이 늦어 상체가 조금 빨리 풀리는 느낌이다.

컨택트 (연속 동작 12, 13)

앞다리를 버팀목으로 회전하는 것이 아니라 뒷다리 쪽에서 회전이 이루어지고 있다. 또한 앞다리의 착지가 늦어 지나치게 빨리 굳어진다. 톱 핸드의 견갑골이 늦게 들어오고, 팔꿈치가 L자 형을 유지하지 못하고 펴지면서 컨택트 존이 짧아져 헛스윙이 많아질 수 있다.

릴리스 (연속 동작 14, 15)

투 텐스가 좋고 상체 트라이앵글의 모양도 좋다.

구단별 선수 분석
최진행_ 한화이글스

팔로 스루 (연속 동작 16, 17, 18)

낮은 공을 컨택트했지만 하이 피니시로 잘 마무리하고 있다.

①, ②, ③ 체중 싣기 ──────▶ ④, ⑤, ⑥, ⑦ 스트라이드 ──────▶ ⑧, ⑨ 어프로치 ──────▶

구단별 선수 분석
최진행_ 한화이글스

⑩, ⑪ 비켜 빼기 ⟶ ⑫, ⑬ 컨택트 ⟶ ⑭ ⑮ 릴리스 ⟶ ⑯, ⑰, ⑱ 팔로 스루

이병규

출생 : 1974년 10월 25일

신체 : 185cm, 85kg

소속팀 : LG트윈스(외야수/좌투좌타)

출신교 : 청구초-서대문중-장충고-단국대

통산성적(~2011) : 경기(1408), 타율(0.313), 안타(1716), 홈런(148), 타점(823),
　　　　　　　　도루(139), 볼넷(469)

통산 타율 3할 1푼이 넘는 타자로 2011년 크게 변화를 일으켰다. 타석당 투구
수 3.61로 적극적인 타격을 하는 편이며, 여전히 볼에 배트가 많이 나가는 경향
이 있지만 예전보다는 나쁜 공에 참을성을 보여주고 있다. 1999년 잠실운동장
을 홈 구장으로 사용하면서 30-30을 기록할 정도로 주력과 장타력을 겸비한
선수다. 통산 타율에 비해서 출루율은 떨어지지만 공격, 수비, 주루 능력을 두
루 갖추고 있다.

　이병규가 많은 안타를 치는 이유는 컨택트 동작이 유연하고, 배트 컨트롤
이 뛰어나기 때문이다. 큰 키와 긴 팔을 이용해 나쁜 공까지 컨택트할 수 있어
배드 볼 히터로도 유명하다. 스트라이드할 때 하체와 상체를 함께 이동시키는
습관이 있는데, 이것만 보완한다면 장타력도 상승하고 나쁜 공에 손이 나가는
횟수도 줄어들 것이다.

스탠스 (연속 동작 1)
보폭이 좁고 편안한 자세이며, 그립의 위치도 안정적이다.

동시화 (연속 동작 2, 3)
앞다리의 뒤꿈치를 누르면서 타이밍을 맞추는 동시화 작업을 잘해서 타이밍을 일정하게 맞추는 능력이 있다.

체중 싣기 (연속 동작 4, 5, 6)
중심선의 균형을 잘 유지하면서 상체에 큰 변화 없이 뒷다리로 체중을 옮겨 싣고 있다.

스트라이드 (연속 동작 7, 8, 9, 10, 11)
앞발의 전면 착지가 좋고 히팅 포지션의 구축도 바람직하다. 엉덩이를 옮겨주어 뒤쪽 공간도 잘 확보하고 있다. 단, 고개와 상체가 중심선 앞쪽으로 함께 이동하고, 스탠스 보폭이 좁아 스트라이드 시 양발의 간격이 넓어지는 모습을 보인다.

어프로치 (연속 동작 12, 13)
뒷무릎의 스타트가 좋다.

컨택트 (연속 동작 14, 15)
투 텐스가 좋고 톱 핸드의 팔꿈치를 L자로 잘 유지하고 있다. 보텀 핸드의 손등과 톱 핸드의 손바닥이 하늘을 향하고 있어 안정적인 스윙이 가능하다. 또한 상체 회전력이 좋아 톱 핸드의 견갑골이 잘 빠져나오고 있다.

릴리스

상체 트라이앵글은 잘 이루어져 있으나, 스트라이드 보폭이 넓어 하체가 단단히 버텨주지 못하고 앞발 끝이 들리고 있다. 상체와 고개가 스테이 백 형태를 이루면 상·하체의 밸런스가 더 좋아질 것이다.

팔로 스루 (연속 동작 16, 17, 18)

하체가 버텨주지 못해 상체와 팔에 의존한 마무리를 하고 있다.

① 스탠스 ──────▶ ②, ③ 동시화 ──────▶ ④, ⑤, ⑥ 체중 싣기 ──────▶ ⑦, ⑧, ⑨, ⑩, ⑪ 스트라이드 ──────▶

구단별 선수 분석
이병규_ LG트윈스

⑫, ⑬ 어프로치 ⟶ ⑭, ⑮ 컨택트 ⟶ ⑯, ⑰, ⑱ 팔로 스루

강민호

출생 : 1985년 8월 18일

신체 : 186cm, 100kg

소속팀 : 롯데자이언츠(포수/우투우타)

출신교 : 제주신광초-포철중-포철공고-국제디지털대

통산성적(~2011) : 경기(804), 타율(0.276), 안타(717), 홈런(95), 타점(389),
도루(14), 볼넷(236)

직구에 강하고 초구를 즐기는 스타일이다. 정확성과 장타력을 겸비한 강타자로
서서히 두각을 나타내고 있다. 한 시즌에 3할을 치면서 20개 이상의 홈런이 가능
하며, 80타점 이상을 기록하기도 했다. 특히 득점권 OPS가 전체 5위일 정도로
생산성이 높다. 차세대 국가 대표 포수로서 앞으로의 활약이 기대되는 선수다.

　스탠스 보폭이 넓으며 그립의 위치가 높고 뒤로 빠져 있기 때문에 외곽구와
슬라이더같이 횡으로 변하는 공에는 약점을 보이지만, 종으로 떨어지는 커브나
체인지업에는 강한 모습을 보인다. 또한 스트라이드 보폭이 넓어서 파워 존 턴
에 부담이 될 수 있으나 힘이 좋고 유연성이 있어 넓은 보폭을 무난하게 소화하
고 있다.

스탠스

보폭을 넓게 하고 낮은 자세를 취하고 있다. 그립의 위치가 높고 코킹도 깊어 전체적으로 포지션이 크기 때문에 장타에는 유리하지만 끊어질 때는 불리할 수 있다.

체중 실기 (연속 동작 1, 2)

중심선을 거의 이동시키지 않고 체중을 잘 띄워 싣고 있다.

스트라이드 (연속 동작 3, 4, 5, 6)

힘 있는 스윙을 할 수 있도록 스트라이드 시 엉덩이를 옮겨 뒤쪽에 공간을 만든다. 그러나 스트라이드 보폭이 넓어 엉덩이 회전에 부담을 느낄 수 있다.

어프로치 (연속 동작 7, 8)

순조롭게 이루어지고 있다.

컨택트 (연속 동작 13, 14, 15)

스트라이드 보폭이 넓기 때문에 앞다리에 체중을 전달하는 것이 약간은 부자연스럽다. 컨택트 시 톱 핸드의 견갑골이 들어오지 못하고 처지는 느낌이지만 힘으로 끌고 나와 투 텐스를 만들어준다. 보텀 핸드의 손등과 톱 핸드의 손바닥이 하늘을 향하도록 잘 컨택트하고 있다.

릴리스 (연속 동작 16, 17, 18)

투 텐스 상태에서 양팔을 잘 뻗어 상체 트라이앵글이 멋지게 형성되면서 타구를 보내는 충격량을 높여주고 있다.

팔로 스루

보폭이 넓어 뒷다리의 회전이 부족한 느낌이지만 톱 핸드를 끝까지 뻗어주면서 하이 피니시로 잘 마무리하고 있다. 뒷다리가 투수 정면으로 돌아주면 완벽한 스윙이 될 것 같다.

①, ② 체중 싣기 ➞ ③, ④, ⑤, ⑥ 스트라이드 ➞ ⑦, ⑧ 어프로치 ➞ ⑨, ⑩, ⑪, ⑫ 비켜 빼기 ➞

구단별 선수 분석
강민호_ 롯데자이언츠

⑬, ⑭, ⑮ 컨택트 ➞ ⑯, ⑰, ⑱ 릴리스

박석민

출생 : 1985년 6월 22일

신체 : 178cm, 88kg

소속팀 : 삼성라이온즈(내야수/우투우타)

출신교 : 율하초-경복중-대구고-대구사이버대

통산성적(~2011) : 경기(538), 타율(0.278), 안타(454), 홈런(69), 타점(283),
　　　　　　　　　도루(9), 볼넷(259)

모든 사람들의 예상을 깨고 투수에게 타석당 4.43개의 공을 던지게 해 2010년
이 부문에서 전체 1위를 차지했다. 출루율이 리그 상위권이고 몸에 맞는 공도
매년 두 자릿수가 넘는 투지가 좋은 선수다. 3할에 가까운 타율과 두 자릿수의
홈런, 클러치 능력까지 갖춘 최고의 3번 타자다. 아직까지는 한 시즌에 70타점
이상을 기록하지 못하고 있으나 재능을 볼 때 80타점 이상이 가능하고 홈런 수
도 더 늘릴 수 있다고 판단된다.

　　타석에 붙어서 사구나 볼넷으로 출루율을 높이는 것도 좋지만 홈 플레이트
에서 조금 떨어져 타격을 한다면 엉덩이 회전이나 스윙 시 팔을 뻗는 동작이 보
다 수월해질 것이라고 생각한다. 또한 무릎과 발끝을 포수 쪽으로 비틀어 체중
을 싣는데, 이것이 힘 있고 밸런스 잡힌 스윙을 방해한다. 가끔 헛스윙할 때 우
스꽝스러운 동작이 나오는 이유는 스트라이드 시 앞다리 착지 시간의 편차가
생기기 때문이다.

스트라이드 시 체중을 앞다리에 옮겨 앞무릎을 유연하게 RSSC^{Rotation} Stretch-Shortening Cycle로 사용할 수 있는 자세를 만든다면 힘 있는 타격을 할 수 있다. 또한 히팅 포지션 때 보텀 핸드가 지나치게 뻗어 있어 몸쪽 빠른 공에 약점이 생길 수 있으므로 오픈 스트라이드를 하면서 센터 우중간으로 밀어치는 능력을 키우고, 간혹 당겨치는 모습을 보인다면 좋은 성적이 나올 것 같다. 일본 프로야구 출신 중 체격이 비슷한 주니치드래곤즈의 오치아이 감독의 현역 시절 타격폼을 보고 연구한다면 도움이 될 것이다.

스탠스 (연속 동작 1)

그립이 높은 듯하지만 보폭에 안정감이 있으며 전체적으로 무난한 자세다.

동시화

스탠스 자세에서 앞발 뒤꿈치를 들고 있다가 동시화 없이 바로 다리를 들기 때문에 체중을 뒤쪽으로 너무 많이 싣고 있다.

체중 싣기 (연속 동작 2, 3, 4)

뒷다리가 잘 버텨주고 있지만 앞다리의 무릎과 발끝을 포수 쪽으로 비틀어 외다리로 서 있는 것이 부담이 되고, 이어지는 동작을 부자연스럽게 하는 원인이 되고 있다. 중심선을 가운데에 유지하면서 체중 싣기를 할 수 있다면 투수들이 두려워하는 존재가 될 수 있을 것이다.

스트라이드 (연속 동작 5, 6, 7)

스트라이드 보폭은 적당하지만 앞다리가 뒤쪽으로 너무 많이 틀어져 있다가 나오기 때문에 체중을 이동시키기 어렵고, 히팅 포지션에서 보텀 핸드가 지나치게 뻗어져 몸쪽에 약점이 생기기도 한다. 이를 보완하기 위해서는 타석에서 떨어져 서거나 스트라이드를 오픈하는 것도 한 방법이 될 수 있다.

어프로치 (연속 동작 8)

대체적으로 무난하다.

컨택트 (연속 동작 11, 12)

체중 이동이 늦어 앞발 끝이 들릴 가능성이 높지만 앞다리 대퇴부와 몸통의 빼기 동작이 뛰어나다. 톱 핸드가 L자 형을 이루면서 컨택트 동작을 잘 소화하고 있다.

릴리스 (연속 동작 13, 14, 15)

톱 핸드 쪽 견갑골이 늦게 들어오지만 상체와 앞발 빼기로 모든 것을 보완하고 있다. 늦게나마 릴리스 동작에서 투 텐스가 이루어지며 공을 끝까지 밀고 나가는 능력을 보여주고 있다.

팔로 스루 (연속 동작 16, 17, 18)

상체 회전을 끝까지 하고 톱 핸드도 끝까지 뻗어주면서 하이 피니시로 잘 마무리하고 있다.

① 스탠스 ───▶ ②, ③, ④ 체중 싣기 ───▶ ⑤, ⑥, ⑦ 스트라이드 ───▶ ⑧ 어프로치 ───▶

구단별 선수 분석
박석민_ 삼성라이온즈

⑨, ⑩ 비켜 빼기 ────→ ⑪, ⑫ 컨택트 ────→ ⑬, ⑭, ⑮ 릴리스 ────→ ⑯, ⑰, ⑱ 팔로 스루

마치며

국내 실정에 맞는 타격 전문서가 전무한 실정에서 책을 낸다는 것은 적잖이 부담스러운 일이었다. 원고 집필과 자료 수집, 사진 촬영 등 해도 해도 끝이 없는 것처럼 느껴져 막막하기도 했다. 그러나 지금 돌이켜 보면 시작부터 끝까지 함께해주신 많은 분들 덕분에 뿌듯한 마음으로 이 책을 완성하게 되었다는 생각에 감사한 마음뿐이다.

먼저 타격서가 나온다는 사실에 기뻐하며 집필에 필요한 본인의 사진 사용을 흔쾌히 허락해준 이대호와 모든 프로야구 선수들, 그리고 몇 번이나 계속된 추가 자료 요청에도 싫은 내색 없이 협조해준 10개 구단 관계자 분들께 감사드린다.

마치 본인의 책처럼 애착을 보이며 내용 수정과 사진 편집에 도움을 준 전능표, 책의 기획부터 초고까지 노고를 아끼지 않았던 김형준 씨와 유효상 씨, 심리학 부분에 도움을 준 한덕현 박사, 멋진 사진을 제공해준 김상익 실장에게 감사의 말을 전한다.

이 책이 무사히 출간될 수 있도록 힘써주신 한스컨텐츠의 최준석 대표님, 원고가 책의 형태를 갖출 수 있도록 노력해준 편집자 정현주 씨와 디자이너 이장규 씨에게 감사드린다.

늘 사랑으로 감싸주시는 어머니, 집필 내내 한결같은 지지와 사랑을 보내준 아내 배자영, 늘 아빠를 최고라고 믿으며 힘을 준 딸 김이랑·김나랑, 아들 김화랑, 그리고 사위 이성수, E·d, 집필 공간을 제공해준 처남 배명근(일광건설 대표)과 그 외 친지들에게 고마움을 전한다. 마지막으로 책이 완성될 수 있도록 함께해주신 하나님께 감사드린다.

김용달 코치의 타격 교과서

1판 1쇄 인쇄 2018년 4월 2일
1판 1쇄 발행 2018년 4월 9일

지은이 김용달
펴낸이 최준석
책임편집 최태성
삽화 황기홍

펴낸 곳 한스컨텐츠㈜
주소 (우 121-894) 서울시 마포구 동교로 136, 401호
전화 070-5117-2318 팩스 02-2179-8103
출판신고번호 제313-2004-000096호 신고일자 2004년 4월 21일

ISBN 978-89-92008-75-4 (13690)

이 도서의 국립중앙도서관 출판예정도서목록(CIP)은 서지정보유통지원시스템 홈페이지(http://seoji.nl.go.kr)와 국가자료공동목록시스템(http://www.nl.go.kr/kolisnet)에서 이용하실 수 있습니다.(CIP제어번호: CIP2018010169)

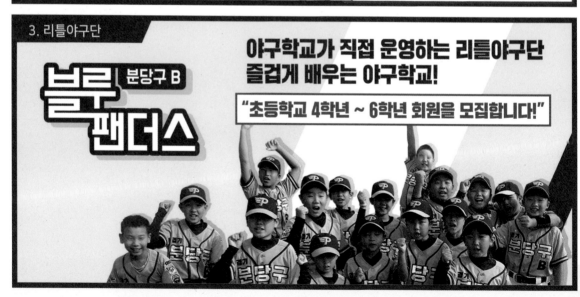